Los
misterios
de
Dios
revelados

José Zapico

EDITORIAL
Carisma

Publicado por
Editorial **Carisma**
Miami, Fl. 33172
Derechos reservados

Primera edición 2001

Cubierta diseñada por: Alicia Mejías

PRODUCTO 550156
ISBN 0-7899-0853-0
Impreso en Colombia
Printed in Colombia

Dedico este libro a mi Señor y Salvador Jesucristo, a quien adoro y sirvo cada día, junto con mi esposa Lidia y mis hijos.

Asimismo, este libro va dedicado a todos aquellos que son parte de la Iglesia triunfante de Jesucristo y a cada uno de sus siervos fieles en todas las naciones del mundo, aquellos que tienen un anhelo ardiente por ver que el reino de Dios se extienda en el cumplimiento de los misterios revelados.

Contenido

Contenido

Prefacio

Bien temprano en la revelación escrita, la Palabra de Dios registra: *Las cosas secretas pertenecen a Jehová nuestro Dios; mas las reveladas son para nosotros y para nuestros hijos para siempre, para que cumplamos todas las Palabras de esta ley* (Deuteronomio 29:29).

De esta manera el Señor indicaba que la modalidad divina al dar su "Palabra profética" sería que la misma incluiría "cosas secretas o misterios" que en "su tiempo" Él las revelaría (Daniel 12:9).

Estos "misterios" han despertado la inquietud y el deseo en el corazón de muchos siervos de Dios, de la Iglesia y aun en aquellos que no son cristianos, de conocer acerca de su misterioso mensaje.

Lamentablemente estos "misterios" han sido mal interpretados y por ende mal aplicados, y no satisfacen el sano deseo de conocimiento, y crean así la necesidad de una interpretación correcta que nos pueda descifrar tan profundos "misterios".

Damos gracias a Dios por el evangelista internacional doctor José Zapico, quien con un agudo "don profético", nos transcribe la revelación que Dios le ha dado sobre tan delicado tema en este interesante libro.

Estoy seguro de que el Espíritu de Dios le ha dado al doctor Zapico, la capacidad de interpretar los misterios de Dios, pues le conozco desde hace 22 años y doy fe de que es un hombre de Dios con un amor profundo por la Palabra, de su fidelidad interpretativa del texto bíblico y de una "unción de revelación" puestas de manifiesto en sus mensajes predicados en los grandes eventos evangelísticos realizados por América Latina, Estados Unidos, Europa y África; en las conferencias que le he oído impartir y en las enseñanzas plasmadas en sus libros anteriores.

El ministerio profético se inicia en la época de Samuel, pero es con el profeta Isaías que se inicia la época de la "Profecía escrita", por ello, al igual que este gran profeta y la gran pléyade de profetas de Dios que le siguieron, el doctor Zapico de una manera magistral, seria y responsable nos abre en las páginas de este libro cada uno de los "misterios de Dios", en una forma sana, ortodoxa, bíblica y sencilla, interpretando así su misterioso mensaje.

"Los misterios de Dios revelados", es un libro que enriquecerá el conocimiento de las Escrituras sobre el tema, y así mismo edificará enormemente la vida espiritual de todo aquel que lo lea.

Estimado lector, te animo a que saques un tiempo especial para leer este libro detenidamente y te alimentes de su rico contenido, asegurándote que su lectura te afectará de una manera significativa, pues como dice el texto antiguo citado al principio, que la revelación es dada *para que cumplamos todas las palabras de esta ley.*

Lic. Vicente Martínez Navarijo
Pastor IDPA "EBEN-EZER"
Quetzaltenango, Guatemala, C.A.
Septiembre del 2000.

Introducción

E stamos viviendo en una hora en la cual es de gran necesidad entender de manera clara el gran propósito de Dios para el género humano, en especial para los redimidos.

El propósito de escribir este libro ha sido por la sencilla razón de poder alcanzar un conocimiento más amplio de Dios y analizar con detenimiento los misterios de Dios revelados.

Si bien Dios siempre se ha reservado ciertos misterios que han permanecido escondidos a través de las edades, otros los ha ido revelando según su voluntad divina a través de los tiempos. Estos que han sido desvelados queremos analizarlos para poder traer un conocimiento pleno y mayor para el crecimiento y aprovechamiento de nuestra vida espiritual.

En este libro he querido esclarecer la diferencia bien demarcada que existe entre los misterios místicos y ocultos del mundo de las tinieblas, y *los misterios de Dios* que a Él le plació revelar a sus siervos los profetas y a través de ellos a su amada Iglesia.

En medio de tantas redes de conspiración satánica que se han movido desde el principio de la caída de nuestros padres hasta ahora, el Dios Todopoderoso por medio del poder del Espíritu Santo, ha determinado revelar a la iglesia de Jesucristo, los verdaderos misterios escondidos en lo secreto de su presencia.

Cumpliéndose así las palabras relevantes, cuando Él ha determinado decirnos, "cosa que ojos no vio, ni oídos escuchó, ni ha subido a corazón de hombre, son las que Dios ha preparado para aquellos que le aman".

Sabiendo que lo secreto pertenece a Dios, mas las reveladas nos pertenecen a nosotros. Esto desafía a cada creyente a buscar y profundizar más y más en las cosas que Dios en su voluntad divina nos ha querido instruir, dándonos crecimiento y enriqueciendo nuestra vida cada día en esa búsqueda sin fin.

"Dios es bueno, todo el tiempo" este es tu tiempo, es el tiempo de la Iglesia, el tiempo de conocer más de Dios y de sus grandezas inescrutables.

Al igual que Jesús hace miles de años enseñó por medio de parábolas a sus discípulos, los misterios del reino de Dios o *el reino de los cielos*, así como los misterios de Cristo y su cuerpo, la Iglesia.

Este *misterio de Cristo*, se manifestó en lo que es la máxima expresión dada por Dios a los humanos, en el indiscutible y grande misterio de la piedad, envuelto de gracia y misericordia, mientras se hace latente *el misterio del endurecimiento de Israel*, hasta que el tiempo de los gentiles llegue a su plenitud.

Po lo tanto, es evidente que al tener una revelación determinante de todos estos misterios, no dejamos de reconocer que estos principios nos muestran con claridad expuesta triunfantemente lo que hay y existe en el misterio de la iniquidad que exhibe con tenacidad progresiva los diferentes planes de Satanás para tratar de confundir a la humanidad, en uno de sus últimos intentos en los tiempos finales.

En medio de todo este descubrimiento, la esperanza maravillosa que aguarda a la Iglesia fiel y verdadera de Jesucristo se hace más cercana, siendo esta la experiencia más grande que se haya jamás experimentado en el acontecimiento de lo que será la realidad *del misterio del arrebatamiento*, verdad revelada donde se muestra, la eternidad que los santos tendrán con Cristo, el novio amado.

Mientras todo esto acontece, es evidente que la caída del *gran misterio de Babilonia la grande,* se produce tal como las profecías lo habían anticipado.

Sin lugar a dudas, todo esto nos indica que los *misterios de Dios revelados,* son el hoy y el sí profético de Dios para la Iglesia, Israel y el mundo.

Anunciando que sólo Dios tiene el control de todo en sus manos y que todo será llevado a cabo cuando Él lo determine en su voluntad divina tal como las escrituras nos lo indican, *"porque Dios ha puesto en sus corazones el ejecutar lo que él quiso, ponerse de acuerdo ... hasta que se cumplan las palabras que él ha determinado".*

Espero que mientras leas este libro, el Espíritu Santo te lleve a una mayor dependencia de Él, al tener una revelación contundente que proyecte en tu vida confianza y seguridad, para caminar por encima de la tormenta y no por debajo, al hacer de Jesucristo tu Rey y Señor, sólo así Él y sólo Él será tu refugio eterno.

Capítulo 1

¿Qué es misterio?

*Mas hablamos sabiduría de Dios en misterio, la sabiduría
oculta, la cual Dios predestinó antes de los siglos para
nuestra gloria, la que ninguno de los príncipes de este
siglo conoció; porque si la hubieran conocido,
nunca habrían crucificado al Señor de gloria.*

1 Corintios 2:7-8

El significado de la palabra *misterio* en la raíz griega no
bíblica es conocimiento retenido, oculto o en silencio
y para ello se utiliza la palabra *musterion.*
En el griego bíblico es una verdad no revelada, oculta hasta
ahora del conocimiento humano y de ser entendida, pero
conocida sólo por la revelación de Dios.

Musterion tiene que ver con secreto, o enseñanza que
conoce el que lo posee, nadie más.

La idea en cuanto al misterio de Dios, tiene que ver con
la revelación y conocimiento dada a conocer por el Espíritu
de Dios para aquellos que están en Cristo, es decir revelado
por Dios a los que han alcanzado un grado de madurez, pero
escondida para el hombre natural al que no se le ha revelado
la verdad del evangelio, siendo el objetivo principal conocer
a Cristo, su obra y su redención.

Esta sabiduría dada por el Espíritu de Dios es la que revela los misterios de Dios escondidos antes de la perpetuidad de las edades.

El apóstol Pablo se refiere al párrafo "mas hablamos sabiduría de Dios" en su carta a los Corintios, él enfatiza la diferencia de la sabiduría griega a la cual los corintios como hombres griegos estaban acostumbrados a tener, por sus filósofos y antiguos doctores en letras y matemáticas, a la sabiduría de Dios que proviene exclusivamente del Espíritu de Dios al espíritu humano.

Esta sabiduría dada por el Espíritu de Dios es la que revela los misterios de Dios escondidos antes de la perpetuidad de las edades.

El apóstol Pablo fue uno de los siervos prominentemente destacados en desvelar o dar a conocer los secretos de Dios a los creyentes en Jesucristo.

Dar a conocer o revelar a los creyentes, da prueba de la autenticidad divina que hoy tenemos en las Sagradas Escrituras.

Como dice el apóstol Pedro: "entendiendo primero esto, que ninguna profecía de la Escritura es de interpretación privada", es decir que:

Toda la Escritura es inspirada por Dios.

2 Timoteo 3:16

Sólo por el Espíritu de Dios es traída toda revelación. Ya que el Espíritu de Dios conoce todas las cosas y escudriña aún lo profundo de Dios.

Nadie puede saber las cosas de Dios sino su Espíritu Santo, que es uno con el Padre y uno con el Hijo. El cual ha dado a conocer los misterios a su Iglesia. Siendo ella misma uno de los misterios escondidos revelados para consolación de los que creen.

El Espíritu de Dios capacitó a sus siervos los apóstoles para dar a conocer la mente, es decir los propósitos de Dios al hombre que con fe sencilla cree al evangelio.

La mente de Cristo y la mente de Dios en Cristo nos son dadas a conocer plenamente en la Palabra de Dios. Aquellos que alcanzan madurez espiritual por la gracia de Dios (ya que todo don perfecto proviene de Dios), alcanzan a desarrollar la mente de Cristo en ellos por el Espíritu de Dios.

> *Y al que puede confirmaros según mi evangelio y la predicación de Jesucristo, según la revelación del misterio que se ha mantenido oculto desde tiempos eternos, pero que ha sido manifestado ahora, y que por las Escrituras de los profetas, según el mandamiento del Dios eterno, se ha dado a conocer a todas las gentes para que obedezcan a la fe.*

Romanos 16:25-26

Aunque los profetas desvelaron en parte al Mesías y su obra redentora, siempre permaneció la revelación como a través de un velo. Ellos escribieron por inspiración divina acerca del sufrimiento y muerte del que sería enviado, mas cuando estuvo entre ellos no se les abrió el entendimiento, es decir, no lo aceptaron como el Mesías.

Aun los discípulos de Jesús tenían el entendimiento entenebrecido para entender las parábolas y las cosas que Jesús les enseñaba, no pudieron ver con claridad hasta que el maestro mismo les abrió el entendimiento.

> *Entonces les abrió el entendimiento, para que comprendiesen las Escrituras; y les dijo: Así está escrito, y así fue necesario que el Cristo padeciese, y resucitase de los muertos al tercer día; y que se predicase en su nombre el arrepentimiento y el perdón de pecados en todas las naciones, comenzando desde Jerusalén. Y vosotros sois testigos de estas cosas.*

Lucas 24:45-48

A pesar de este milagro dudaron de su resurrección y no entendieron las cosas que sucedían hasta que en la Fiesta de Pentecostés en el aposento alto recibieron el bautismo del Espíritu Santo.

Cuan importante es recibir el Santo Espíritu a plenitud ya que sólo él da a nuestras vidas el conocer a Jesucristo y su verdad reveladora.

> *Dándonos a conocer el misterio de su voluntad, según su beneplácito, el cual se había propuesto en sí mismo.*

Efesios 1:9

Su buena voluntad es parte del carácter de Dios, ya que Él es bondadoso y tiene buenos deseos para bendecir a sus hijos. Él se propuso en su voluntad divina dar a conocer sus misterios, se había propuesto revelarse a sí mismo en plenitud a sus amados escogidos para que se regocijaran en su amor y en su misericordia. Para que ellos se deleitaran en su gracia, que no es más que su amor derramado a través de Jesucristo nuestro Redentor, según su beneplácito, es decir su deseo o su buen placer, de dar a conocer el misterio escondido de esta revelación que ha sido mantenida en secreto.

El misterio dado siempre a través de la sabiduría divina: *reunir todas las cosas en Cristo.*

> *Misterio que en otras generaciones no se dio a conocer a los hijos de los hombres, como ahora es revelado a sus santos apóstoles y profetas por el Espíritu.*

Efesios 3:5

Los lavados en la sangre de Jesús tienen el privilegio más grande jamás concebido de recibir la revelación de Jesucristo.

Nunca se hubiera podido conocer o entender si no hubiera sido por el buen placer o voluntad de Dios de revelarlo a sus santos apóstoles y profetas por el Espíritu de Dios *el misterio que había estado oculto desde los siglos y edades, pero que ahora ha sido manifestado a sus santos* (Colosenses 1:26).

Los pensamientos secretos, los planes y las dispensaciones de Dios que permanecieron escondidas por siglos, para la humanidad, fueron revelados a los creyentes de Jesucristo.

A través del conocimiento de los misterios de Dios abrimos nuestros ojos espirituales.

Y de aclarar a todos cuál sea la dispensación del misterio escondido desde los siglos en Dios, que creó todas las cosas; para que la multiforme sabiduría de Dios sea ahora dada a conocer por medio de la iglesia a los principados y potestades en los lugares celestiales.

Efesios 3:9-10

Aun estos misterios estaban velados para los principados y potestades, por eso enfatiza el apóstol Pablo: si los príncipes de este mundo lo hubieran sabido, no habrían matado al Cristo de la gloria en la cruz.

Las potestades espirituales son más sabias que el hombre, poseen capacidades más elevadas por ser criaturas espirituales ya que no están limitadas a la tierra como el hombre.

Sin embargo, al hombre se le ha dado la oportunidad *de ser adoptado* para ser hijo de Dios, además se le ha revelado el misterio de Cristo y de su Iglesia como hemos estado viendo. A través del conocimiento de los misterios de Dios abrimos nuestros ojos espirituales.

Quizás para muchos cuando se habla de la terminología misterios, no sienten mayor interés en conocer en forma directa aquello que Dios ha revelado por medio de su Palabra escrita.

El hecho de conocer más profundamente los misterios de Dios revelados, nos hará estables y seguros, para no ser movidos por cualquier viento de doctrina y enseñanza tergiversada y errónea.

Pero vivimos en una etapa donde el engaño y la mentira se hacen cada vez más reales, y por medio de la apostasía sagaz se infiltran en forma sutil en las mentes de los humanos confundiéndolos cada vez más. A menos que no seamos llevados a una mayor y genuina revelación por medio del Espíritu Santo de quiénes somos y quién es Jesucristo en Dios, no podremos detectar fácilmente las artimañas del enemigo.

El hecho de conocer más profundamente los misterios de Dios revelados nos hará estables y seguros, para no ser movidos por cualquier viento de doctrina y enseñanza tergiversada y errónea.

Con cuánta frecuencia nos confrontamos a diario con aquellos que niegan cada vez más los principios y fundamentos establecidos por la Palabra de Dios.

Hoy en día es común oír de tantos que han distorsionado y cambiado el concepto puro y fiel de la enseñanza bíblica por seguir doctrinas de demonios. Es verdad que muchas sectas, religiones e instituciones secretas son dirigidas a misterios y secretos escondidos que no pueden ser divulgados entre ellos mismos, pero no se refiere a ese tipo de misterio que Dios nos habla con relación a su revelación.

Lamentablemente hay miles de creyentes que no son motivados a buscar más profunda y sinceramente todo aquello que Dios ha dispuesto revelarnos en esta hora profética por medio de su Palabra inspirada.

Creo profundamente que el conformismo y la apatía son dos instrumentos nocivos que Satanás emplea para producir un estado de estáncamiento y sequedad espiritual en los creyentes. Es hora de sacudirse del polvo maloliente y adormecedor de estos efectos dañinos y pedir a Dios una mayor manifestación de su Palabra revelada, esto hará que se levanten creyentes esgrimiendo con tenacidad y fe la espada del Espíritu contra las corrientes impetuosas del engaño.

Hay otras clases de misterios que no son los de Dios

Es de notar que desde tiempos remotos y antiguos, de acuerdo a las diferentes civilizaciones, en las prácticas de ocultismo en que éstas se involucraban, practicaban una serie de ritos y sacramentos cargados de misterios, y a medida que estos se profundizaban más, eran colocados en lugares estratégicos para llevar a cabo sus planes malévolos y destructivos en las personas.

En el nuevo diccionario bíblico ilustrado de la editorial Clie se puede leer el siguiente artículo, que define lo que son los misterios de las religiones y prácticas diversas de misticismo en que millones de humanos son atrapados y cautivados.

> Esto viene de la palabra *misterion,* de la palabra que deriva de *muein,* que quiere decir "cerrar la boca" y tenía que ver con aquellos secretos que eran impartidos sólo a los que se iniciaban en una forma de culto y práctica oculta que tenían que ser mantenidos en secreto.

Al irse desacreditando más y más los cultos a los diversos dioses nacionales celebrados públicamente, fueron surgiendo y alcanzando más importancia los cultos de carácter exclusivo, reservados sólo a los que estaban dispuestos a pasar por una serie de ceremonias de iniciación y a mantener un secreto riguroso ante los no iniciados.

Muchos de los antiguos dioses tenían cultos adicionales de este tipo, pero además también se daban cultos de misterios sin relación alguna con los cultos populares.

Entre los antiguos griegos, "los misterios" eran ritos religiosos y ceremonias que se practicaban en el seno de las sociedades secretas en las que podía ser recibido aquel que lo deseaba. Los que eran iniciados en estos *misterios* venían a ser poseedores de un cierto conocimiento que no se impartía a los no iniciados, y por esto recibían el nombre de "los perfeccionados".

Famosos entre ellos eran los eleusinos, que gozaban de la protección oficial del estado de Atenas; otros, de carácter más privado, no oficiales, eran los misterios órficos, ligados a Dionisos.

De origen egipcio había el de Isis y Serapis; de Persia provenía el mitraísmo, que tenía gran cantidad de adeptos por todo el imperio por el siglo III d.C.

Las principales características de estas religiones de misterios pueden resumirse en los siguientes puntos:

1. En contra de la concepción popular de que estas religiones daban a los iniciados una revelación de verdades profundas y de conocimientos esotéricos, lo que hacían en realidad era proveer satisfacción a los deseos de expresión emocional y mística, que no se llevaban a cabo en los cultos oficiales.

   Aristóteles señala que no se daba una instrucción determinada, sino que más bien se llevaba a los adeptos a un estado mental determinado, no había enseñanza con contenidos sino de símbolos y sugerencias.

2. Se llevaba a cabo una ceremonia mística de unión del adepto con la deidad, como garantía de una eternidad bienaventurada; en ello generalmente representaba un gran papel el antiguo mito de Adonis, muriendo y volviendo a la vida, garantizando así con ello la feliz vida de ultratumba a sus adeptos.

3. Las ceremonias iban cargadas de símbolos del poder reproductivo y germinativo de la naturaleza, combinado con las ideas acerca de la inmortalidad humana.

4. Como ya se ha señalado, los ritos eran estrictamente secretos. Pero el exclusivismo de estas religiones de misterios se refería sólo a aquellos que no expresaban sus deseos de iniciarse con ellos. Por otra parte, había una amplia admisión para todos los que quisieran tomar parte en ellos, previa iniciación.

Los misterios de Dios

No así cuando hablamos de los misterios de Dios, todo aquello que de Él procede, y en su tiempo y soberanía le place revelarnos, es para poder compartirlo abiertamente con los demás.

Conocer más y más de su revelación nos llevará a gozar de su presencia y a la vez nos mantendrá en una actitud de búsqueda y consagración, anhelando estar más cerca de Él cada día.

Las cosas secretas pertenecen a Jehová nuestro Dios; mas las reveladas son para nosotros y para nuestros hijos para siempre, para que cumplamos todas las palabras de esta ley.

Deuteronomio 29:29

La palabra secreta viene de la raíz hebrea *cathar*, esta tiene que ver con ocultar y encubrir cuidadosamente.

Y dijo: Yo soy el Dios de tu padre, Dios de Abraham, Dios de Isaac, y Dios de Jacob. Entonces Moisés cubrió su rostro, porque tuvo miedo de mirar a Dios.

Éxodo 3:6

21

Luego metió el arca en el tabernáculo, y puso el velo extendido, y ocultó el arca del testimonio, como Jehová había mandado a Moisés.

Éxodo 40:21

Señor, delante de ti están todos mis deseos, y mi suspiro no te es oculto.

Salmo 38:9

Así que, no los temáis; porque nada hay encubierto, que no haya de ser manifestado; ni oculto, que no haya de saberse.

Mateo 10:26

Y al que puede confirmaros según mi evangelio y la predicación de Jesucristo, según la revelación del misterio que se ha mantenido oculto desde tiempos eternos.

Romanos 16:25

Los misterios de Dios son las cosas secretas que le pertenecen a Él, siendo desconocidos para los humanos, mas cuando llega el momento en la perfecta voluntad de Dios que Él los revela ya dejan de ser desconocidos. Estos misterios tienen que ver con el programa de Dios revelado.

Chafer, comentando sobre Efesios 3:5, describe lo siguiente:

No se podrá encontrar una definición mejor del misterio del Nuevo Testamento que la establecida en este contexto. El misterio del Nuevo Testamento es una verdad hasta entonces retenida o escondida... en Dios, pero entonces revelada. La suma total de todos los misterios del Nuevo Testamento representa ese cuerpo completo de verdad adicional que se encuentra en él, y que no fue revelada en el Antiguo Testamento. Por otra parte, el misterio del Nuevo Testamento debe distinguirse del misterio de los cultos de Babilonia y Roma, cuyos secretos fueron sellados y mantenidos bajo pena de muerte; porque el misterio del Nuevo Testamento, cuando se revela, es para que sea declarado hasta los fines de la tierra, y está restringido sólo hasta el grado de limitación del hombre natural.

Especialmente en el Nuevo Testamento encontramos la palabra *misterio* empleada en 27 ocasiones diferentes, cuando se utiliza esta palabra es para dar referencia que luego pasa a ser una verdad revelada con relación al tiempo presente.

Capítulo 2

¿Qué es revelación?

Cuando la Biblia menciona la palabra revelar o revelación, esto tiene que ver con un descorrer del velo a fin de que podamos recibir entendimiento profundo sobre la manera en que la Palabra de Dios intenta obrar en nuestras vidas.

Revelación, es destapar algo; traer a la luz ampliamente aquello que se consideraba en oscuridad o que había sido oculto previamente.

Dios habló de muchas formas y maneras revelando sus planes y propósitos bajo la dirección de su Espíritu Santo confiando esta revelación a la Sagrada Escritura, que fue escrita por hombres llamados por Dios mismo. Las Escrituras no son solamente expedientes de la revelación sino la revelación en sí misma en forma escrita, para preservación y propagación de la verdad.

Hay diferencia entre inspiración y revelación.

La "revelación" es la comunicación sobrenatural de la verdad a la mente del hombre.

"Inspiración" asegura infalibilidad del maestro o de la forma de escritura en comunicar esa verdad a otros.

25

El hombre natural

Pero el hombre natural no percibe las cosas que son del Espíritu de Dios, porque para él son locura, y no las puede entender, porque se han de discernir espiritualmente.

1 Corintios 2:14

Cuando la Biblia habla del *hombre natural*, se refiere a la persona no regenerada, la cual es controlada y gobernada por los instintos naturales.

Pero éstos, hablando mal de cosas que no entienden, como animales irracionales, nacidos para presa y destrucción, perecerán en su propia perdición.

2 Pedro 2:12

Tiene que ver con personas que están bajo el dominio de Satanás y son esclavas de los deseos de la carne, viven de acuerdo a los deseos del mundo, se sienten bien practicando y viviendo ese estilo de vida. Son aquellos que continuamente son regidos por los instintos naturales, tal como dice el apóstol Pedro.

El centro de todas esas realidades es que el hombre natural confía en sus propios razonamientos, intelectualismo, sentimientos y habilidades humanas.

También tiene que ver con todos aquellos que rechazan de una forma abierta y deliberada el camino recto que el Señor Jesucristo ha trazado para que el hombre experimente la salvación.

Por lo tanto, es de entender que la persona que no es espiritual no puede jamás entender a Dios, ni recibir su revelación. Ni siquiera comprender todo aquello que Él ha mostrado por medio de su Palabra y su mismo Espíritu.

El centro de todas esas realidades es que el hombre natural confía en sus propios razonamientos, intelectualismo, sentimientos y habilidades humanas.

El hombre espiritual

Por otra parte la Biblia también nos habla del *hombre espiritual*, aquella persona regenerada y transformada por medio del poder y unción del Espíritu Santo. Todos los que han tenido un encuentro personal con Jesucristo y su revelación divina, que viven anhelando lo espiritual y todo aquello que de Dios procede, porque conocen su voluntad.

¿Te has preguntado alguna vez cómo puede el hombre o la mujer llegar a ser esa persona espiritual, dispuesta a ser instruida y enseñada por la revelación de Dios?

Estos son algunos de los pasos que se deben seguir:

- El primer paso es poder reconocer y aceptar a Jesucristo como la única fuente de salvación y vida eterna.
- Estar dispuesto a ser transformado y cambiado por el Espíritu Santo.
- Entender que somos llamados a vivir una nueva y diferente vida en Dios.
- Quitar todo obstáculo y pecado que impida tener una comunión real y auténtica con Dios.
- Resistir firmemente todo deseo de la carne.
- Evitar adaptarse al mundo.
- Entender que no se puede participar de las cosas del Señor y de las de Satanás al mismo tiempo.

Cuando el Nuevo Testamento utiliza la palabra revelar esta tiene que ver con lo siguiente:

1. El correr del velo de tinieblas, que cubría a los gentiles, ante la intervención de Jesucristo.

Luz para revelación a los gentiles, y gloria de tu pueblo Israel. Lucas 2:32

Y destruirá en este monte la cubierta con que están cubiertos todos los pueblos, y el velo que envuelve a todas las naciones.

Isaías 25:7

2. El mostrar el misterio del propósito de Dios en esta edad.

El que puede confirmaros según mi evangelio y la predicación de Jesucristo, según la revelación del misterio que se ha mantenido oculto desde tiempos eternos.

Romanos 16:25

Que por revelación me fue declarado el misterio, como antes lo he escrito brevemente,

Efesios 3:3

3. La comunicación del conocimiento de Dios.

Para que el Dios de nuestro Señor Jesucristo, el Padre de gloria, os dé espíritu de sabiduría y de revelación en el conocimiento de él.

Efesios 1:17

4. Una expresión nacida de Dios para la instrucción y edificación de la iglesia.

¿Qué hay, pues, hermanos? Cuando os reunís, cada uno de vosotros tiene salmo, tiene doctrina, tiene lengua, tiene revelación, tiene interpretación. Hágase todo para la edificación.

1 Corintios 14:26

La palabra *revelar* viene también de la acción de la raíz griega *apokalupto*, que significa desvelar, develar, descubrir, y esto consiste en lo siguiente:

Así que, no los temáis, porque nada hay encubierto, que no haya de ser manifestado; ni oculto, que no haya de saberse.

Mateo 10:26

La revelación de Dios tiene que ver con dos áreas, la subjetiva y la objetiva.

- La *subjetiva* tiene que ver con: Aquello que es presentado directamente a la mente, como el significado de los actos de Dios.

En aquel tiempo, respondiendo Jesús, dijo: Te alabo, Padre, Señor del cielo y de la tierra, porque escondiste estas cosas de los sabios y de los entendidos, y las revelaste a los niños.

Mateo 11:25

En aquella misma hora Jesús se regocijó en el espíritu, y dijo: Yo te alabo. Oh Padre, Señor del cielo y de la tierra, porque escondiste estas cosas de los sabios y entendidos, y las has revelado a los niños. Sí, Padre, porque así te agradó.

Lucas 10:21

- El secreto de la persona del Señor Jesucristo.

Entonces le respondió Jesús: Bienaventurado eres, Simón, hijo de Jonás, porque no te lo reveló carne ni sangre, sino mi Padre que está en los cielos.

Mateo 16:17

Para que se cumpliese la palabra del profeta Isaías, que dijo: Señor, ¿quién ha creído a nuestro anuncio? ¿Y a quién se ha revelado el brazo del Señor?

Juan 12:38

• Conocer el carácter de Dios como Padre.

Todas las cosas me fueron entregadas por mi Padre; y nadie conoce al Hijo, sino el Padre, ni al Padre conoce alguno, sino el Hijo, y aquel a quien el Hijo lo quiera revelar.

Mateo 11:27

Todas las cosas me fueron entregadas por mi Padre; y nadie conoce quién es el Hijo sino el Padre; ni quién es el Padre, sino el Hijo, y aquel a quien el Hijo lo quiera revelar.

Lucas 10:22

• Conocer la voluntad de Dios, en la conducta y forma de actuar de sus hijos.

Así que, todos los que somos perfectos, esto mismo sintamos; y si otra cosa sentís, esto también os lo revelará Dios.

Filipenses 3:15

• Dar a conocer sus propósitos a los profetas de Israel y de su Iglesia.

Misterio que en otras generaciones no se dio a conocer a los hijos de los hombres, como ahora es revelado a sus santos apóstoles y profetas por el Espíritu.

Efesios 3:5

La revelación *objetiva* tiene que ver con lo siguiente:

• La verdad declarada a los hombres por medio del evangelio.

Porque en el evangelio la justicia de Dios se revela por fe y para fe, como está escrito: Mas el justo por la fe vivirá.

Romanos 1:17

Pero Dios nos las reveló a nosotros por el Espíritu; porque el Espíritu todo lo escudriña, aun lo profundo de Dios.

1 Corintios 2:10

Pero antes que viniese la fe, estábamos confinados bajo la ley, encerrados para aquella fe que iba a ser revelada.

Gálatas 3:23

* Un encuentro impactante como el de Pablo con Jesucristo en el camino a Damasco.

Revelar a su Hijo en mí, para que yo le predicase entre los gentiles, no consulté en seguida con carne y sangre.

Gálatas 1:16

* Los pensamientos antes ocultos en el corazón, revelados.

(Y una espada traspasará tu misma alma), para que sean revelados los pensamientos de muchos corazones.

Lucas 2:35

Estos también pueden ser referente al futuro, la venida gloriosa de Nuestro Señor Jesucristo.

Así será el día en que el Hijo del Hombre se manifieste.

Lucas 17:30

* Tiene que ver también con la salvación y gloria que esperan al creyente.

Pues tengo por cierto que las aflicciones del tiempo presente no son comparables con la gloria venidera que en nosotros ha de manifestarse.

Romanos 8:18

Que sois guardados por el poder de Dios mediante la fe, para alcanzar la salvación que está preparada para ser manifestada en el tiempo postrero.

1 Pedro 1:5

Ruego a los ancianos que están entre vosotros, yo anciano también con ellos, y testigo de los padecimientos de Cristo, que soy también participante de la gloria que será revelada.

1 Pedro 5:1

- Conocer el verdadero valor y entrega en cuanto a la forma de servir al Señor.

Porque la ira de Dios se revela desde el cielo contra toda impiedad e injusticia de los hombres que detienen con injusticia la verdad.

1 Corintios 3:13

- La respuesta de Dios, a través del sacrificio de la cruz, contra el pecado y en la gran revelación de Jesucristo el único y suficiente Salvador.

Porque la ira de Dios se revela desde el cielo contra toda impiedad e injusticia de los hombres que detienen con injusticia la verdad.

Romanos 1:18

También la palabra *revelación* tiene que ver con la enseñanza o la predicación bajo la unción del Santo Espíritu, que ayuda a la gente a ver la gloria de Cristo y la manifestación sobrenatural. La palabra *revelación* tiene que ver con dos aplicaciones según las enseñanzas de la Biblia.

a. Las Sagradas Escrituras también se conocen como "La Palabra revelada de Dios".

Para entender lo que es la revelación particular de Dios, hay una palabra en hebreo que es conocida como *Yada* y se usa para expresar un concepto particular de revelación.

- Dios se da a conocer mediante hechos de revelación, por ejemplo ejecutando juicio contra los impíos.

Jehová se ha hecho conocer en el juicio que ejecutó; en la obra de sus manos fue enlazado el malo.

Salmo 9:16

- Liberando a su pueblo.

Y veréis, y se alegrará vuestro corazón, y vuestros huesos reverdecerán como la hierba; y la mano de Jehová para con sus siervos será conocida, y se enojará contra sus enemigos.

Isaías 66:14

- También se revela a través de la palabra hablada, como lo hizo a través de los mandamientos que dio a Moisés.

Y les di mis estatutos, y les hice conocer mis decretos, por los cuales el hombre que los cumpliere vivirá.

Ezequiel 20:11

- Por las promesas como las que dio a David.

Todas estas grandezas has hecho por tu palabra y conforme a tu corazón, haciéndolas saber a tu siervo.

2 Samuel 7:21

- Por lo tanto, Dios revela su persona de esta manera por la ley y la promesa.

Y edificó allí un altar, y llamó al lugar El-bet-el, porque allí le había aparecido Dios, cuando huía de su hermano.

Génesis 35:7

Hay una palabra que se utiliza en el Antiguo Testamento y esta es: se descubre, cuando esto tiene que ver con Dios, *significa que Dios se revela a sí mismo.*

También se revela al oído de una persona para comunicarle algo, tal como lo declara el texto a continuación.

Y un día antes que Saúl viniese, Jehová había revelado al oído de Samuel, diciendo...

1 Samuel 9:15

Esto tiene que ver con *descubierto al oído.* En este caso, el significado de la acción no sólo es el hecho de decir, sino el de informar a alguien acerca de algo que no se sabía.

Cuando se utiliza en este sentido hay una palabra que se menciona en hebreo: *galah,* que indica "revelación de secretos", aun de los sentimientos más íntimos.

Pero, oh Jehová de los ejércitos, que juzgas con justicia, que escudriñas la mente y el corazón, vea yo tu venganza de ellos; porque ante ti he expuesto mi causa.

Jeremías 11:20

El profeta Jeremías establece: ante ti he expuesto mi causa, esto es en la misma aplicación de la palabra *galah,* que se refiere al hecho de dar a conocer ampliamente o promulgar.

Esto tiene que ver también con algo no sellado sino abierto. Dios traía revelación a su pueblo, con un sólido fundamento, a fin de que le agradaran al serle obedientes y fieles sólo a Él.

> Y *haz lo recto y bueno ante los ojos de Jehová, para que te vaya bien, y entres y poseas la buena tierra que Jehová juró a tus padres.*

Deuteronomio 6:18

Dios por medio de su Palabra revela su rectitud y sus bendiciones para su pueblo.

Conocer a Dios, es tener un íntimo conocimiento práctico de Él. Es así que Faraón niega conocer a Jehová, y por lo tanto, rehusa reconocer su autoridad sobre él.

> Y *Faraón respondió: ¿Quién es Jehová, para que yo oiga su voz y deje ir a Israel? Yo no conozco a Jehová, ni tampoco dejaré ir a Israel.*

Éxodo 5:2

Esto es significativo; conocer a Dios es lo mismo que temerle en una actitud reverencial, servirle y confiar plenamente en Él.

> *Tú oirás en los cielos, en el lugar de tu morada, y harás conforme a todo aquello por lo cual el extranjero hubiere clamado a ti, para que todos los pueblos de la tierra conozcan tu nombre y te teman, como tu pueblo Israel, y entiendan que tu nombre es invocado sobre esta casa que yo edifiqué.*

1 Reyes 8:43

> *Y tú, Salomón, hijo mío, reconoce al Dios de tu padre, y sírvele con corazón perfecto y con ánimo voluntario; porque Jehová escudriña los corazones de todos, y entiende*

todo intento de los pensamientos. Si tú le buscares, lo hallarás; mas si lo dejares, él te desechará para siempre.

1 Crónicas 28:9

Vosotros sois mis testigos, dice Jehová, y mi siervo que yo escogí, para que me conozcáis y creáis, y entendáis que yo mismo soy; antes de mí no fue formado dios, ni lo será después de mí.

Isaías 43:10

b. La ley de Dios y los profetas son el resultado de la revelación divina, lo cual describe a todo el Antiguo Testamento como revelado.

Porque no hará nada Jehová el Señor, sin que revele su secreto a sus siervos los profetas.

Amós 3:7

Aquí la palabra "revele" tiene que ver nuevamente con la raíz *galah*, lo cual significa descubrir, develar, abrir, mostrar abiertamente, desnudar, exponer, salir. En este texto tiene que ver con la revelación, exposición, descubrimiento y apertura de los planes secretos del Señor a sus profetas, quienes han sido llamados sus siervos.

De acuerdo a la enseñanza del Antiguo Testamento, el Señor no hacía nada con respecto a su pueblo Israel sin antes revelarles sus planes a los profetas. Cuando Dios les revelaba algo, ellos tenían la responsabilidad de proclamar la profecía y advertencia a todo el pueblo, acerca de los juicios de Dios.

Ya no os llamaré siervos, porque el siervo no sabe lo que hace su señor; pero os he llamado amigos, porque todas las cosas que oí de mi Padre, os las he dado a conocer.

Juan 15:15

Sino que en los días de la voz del séptimo ángel, cuando él comience a tocar la trompeta, el misterio de Dios se consumará, como él lo anunció a sus siervos los profetas.

Apocalipsis 10:7

c. En el Nuevo Testamento, esta palabra también se aplica a las Escrituras, las cuales son parte del canon completo de la Biblia, o sea que el contenido de la Palabra de Dios está completo.

En el Nuevo Testamento denota no lo que es misterioso, como sucede con el término castellano; sino aquello que estando más allá de la posibilidad de ser conocido por medios naturales, *sólo puede llegarse a saber por revelación divina; y se hace saber de una manera específica y en un tiempo señalado por Dios.*

Al leer y memorizar la Escritura es necesario que dependamos continuamente de la revelación de Dios.

El Espíritu Santo nos da revelación así como el texto lo indica. Con todo el esfuerzo que como humanos podamos hacer, tanto el de leer como el de memorizar las Escrituras, es necesario que dependamos continuamente de la revelación de Dios, esto será lo único más seguro para la edificación y fortaleza de nuestras vidas.

De ahí que los términos que guardan una relación directa con este tema sean los siguientes:

- *dado a conocer*
- *revelado*
- *declarado*

Estos hechos maravillosos, nos dan a conocer sus propósitos. Nos revelan los secretos y tesoros escondidos, para que los declaremos abiertamente a todas las naciones. Esto no es para encerrarlo en un lugar, ni para esconderlo, sino para darlo a conocer en todas partes.

La revelación produce un verdadero conocimiento. La revelación producirá un verdadero *conocimiento*, de lo que es Dios en toda la expresión de su gloria.

La palabra conocimiento viene de la raíz griega *ginosko*, que significa estar tomando en conocimiento, venir a saber, reconocer, entender o entender totalmente. Es en el sentido de un conocer completo y absoluto de parte de Dios, se usa como ejemplo la relación que existe entre Jesucristo el Hijo y su Padre celestial.

> *Entonces les dijo: Vosotros sois los que os justificáis a vosotros mismos delante de los hombres; mas Dios conoce vuestros corazones; porque lo que los hombres tienen por sublime, delante de Dios es abominación.*

Lucas 16:15

> *Así como el Padre me conoce, y yo conozco al Padre; y pongo mi vida por las ovejas.*

Juan 10:15

En el Nuevo Testamento, *ginosko* indica una relación entre la persona que conoce y lo que ha conocido, a este respecto lo que es conocido es de valor e importancia para aquel que conoce. De este principio es que viene el verdadero conocimiento de Dios.

> *Pero si alguno ama a Dios, es conocido por él.*

1 Corintios 8:3

> *Mas ahora, conociendo a Dios, o más bien, siendo conocidos por Dios.*

Gálatas 4:9

Tal conocimiento nunca se obtiene simplemente por una actividad intelectual, sino por medio de la operación continua o permanente del Espíritu Santo. Como efecto y consecuencia de haber recibido a Jesucristo como Señor y Rey de nuestras vidas.

Ginosko tiene que ver con un conocimiento en progreso o aumento, mientras que también hay otra palabra en griego que es *oida*, esta tiene que ver con plenitud de conocimiento.

Pero vosotros no le conocéis; mas yo le conozco, y si dijere que no le conozco, sería mentiroso como vosotros; pero le conozco, y guardo su palabra.

Juan 8:55

Jesús habló acerca de estos dos términos diciendo: vosotros no le conocéis (*ginosko*), como diciendo: estáis empezando a conocerle, pero yo le conozco (*oida*) era como decirles yo le conozco perfectamente.

Respondió Jesús y le dijo: Lo que yo hago, tú no lo comprendes ahora; mas lo entenderás después.

Juan 13:7

Jesús habla a Pedro y le declara: no lo comprendes ahora, no lo puedes percibir ahora, mas lo entenderás, le estaba revelando: lo podrás conocer, (*ginosko*).

Si me conocieseis, también a mi Padre conoceríais; y desde ahora le conocéis, y le habéis visto.

Juan 14:7

Tener la revelación de Jesús es conocer al Padre. Jesús habló acerca de esa relación que existía con Él y su Padre, y por medio de Él o sea a través de su persona el Espíritu Santo permitiría a nuestro espíritu revelarnos al Padre.

El Señor dio una impactante advertencia: *nunca os conocí*, en esta parte *ginosko* tiene que ver con la expresión "nunca he estado en una relación de aprobación hacia ustedes".

Y entonces les declararé: Nunca os conocí; apartaos de mí, hacedores de maldad.

Mateo 7:23

Mas él, respondiendo, dijo: De cierto os digo, que no os conozco.

Mateo 25:12

Este texto tiene que ver con: "no tenéis relación alguna conmigo, no me habéis conocido, no habéis anhelado mi revelación para conocerme".

No es suficiente todo lo que podamos hacer o decir, sino el poder conocerle a Él cada día más íntimamente, por medio de la entrega y rendición incondicional, manteniendo una verdadera comunión y viviendo en su perfecta voluntad.

La revelación de la Palabra de Dios, seguida de un deseo sincero de obedecer y aceptar sus enseñanzas en nuestras vidas diariamente, producirá un mayor conocimiento de Él en nosotros.

Capítulo 3

Los misterios revelados

Esto es con relación a los secretos de Dios, sus consejos y propósitos los cuales son desconocidos por los hombres pero revelados en las Sagradas Escrituras por medio de sus siervos los profetas.

Y Daniel entró y pidió al rey que le diese tiempo, y que él mostraría la interpretación al rey. Luego se fue Daniel a su casa e hizo saber lo que había a Ananías, Misael y Azarías, sus compañeros, para que pidiesen misericordias del Dios del cielo sobre este misterio, a fin de que Daniel y sus compañeros no pereciesen con los otros sabios de Babilonia.

Entonces el secreto fue revelado a Daniel en visión de noche, por lo cual bendijo Daniel al Dios del cielo.

Y Daniel habló y dijo: Sea bendito el nombre de Dios de siglos en siglos, porque suyos son el poder y la sabiduría.

Él muda los tiempos y las edades; quita reyes, y pone reyes; da la sabiduría a los sabios, y la ciencia a los entendidos.

Él revela lo profundo y lo escondido; conoce lo que está en tinieblas, y con él mora la luz.

A ti, oh Dios de mis padres, te doy gracias y te alabo, porque me has dado sabiduría y fuerza, y ahora me has revelado lo que te pedimos; pues nos has dado a conocer el asunto del rey.

Después de esto fue Daniel a Arioc, al cual el rey había puesto para matar a los sabios de Babilonia, y le dijo así: No mates a los sabios de Babilonia; llévame a la presencia del rey, y yo le mostraré la interpretación.

Entonces Arioc llevó prontamente a Daniel ante el rey, y le dijo así: He hallado un varón de los deportados de Judá, el cual dará al rey la interpretación.

Respondió el rey y dijo a Daniel, al cual llamaban Beltsasar: ¿Podrás tú hacerme conocer el sueño que vi, y su interpretación?

Daniel respondió delante del rey, diciendo: El misterio que el rey demanda, ni sabios, ni astrólogos, ni magos ni adivinos lo pueden revelar al rey.

Pero hay un Dios en los cielos, el cual revela los misterios, y él ha hecho saber al rey Nabucodonosor lo que ha de acontecer en los postreros días. He aquí tu sueño, y las visiones que has tenido en tu cama:

Estando tú, oh rey, en tu cama, te vinieron pensamientos por saber lo que había de ser en lo por venir; y el que revela los misterios te mostró lo que ha de ser.

Y a mí me ha sido revelado este misterio, no porque en mí haya más sabiduría que en todos los vivientes, sino para que se dé a conocer al rey la interpretación, y para que entiendas los pensamientos de tu corazón.

Daniel 2:16-30

Dios otorgó a Daniel y a sus compañeros conocimiento e inteligencia, por cuanto ellos determinaron consagrarse y ser fieles. Dios mismo estableció total garantía para ayudarles y protegerlos ante cualquier adversidad.

Si el creyente se mantiene fiel, debe estar seguro, de que Dios le cubrirá y le dará las fuerzas necesarias para hacer su voluntad.

Daniel declaró con tenacidad y valor, sin duda en su corazón, de que hay un Dios en el cielo, *el cual revela los misterios*. Jamás Daniel tomó para sí, lo que sólo le pertenece a Dios, que es la gloria y la honra. Él honró fielmente a Dios Jehová, quien era el que en verdad revelaba esos misterios a su corazón.

Si el creyente se mantiene fiel, debe estar seguro de que Dios le cubrirá y le dará las fuerzas necesarias para hacer su voluntad.

Al rey Nabucodonosor le fueron dados sueños, mientras que a los sabios, adivinos y agoreros del reino de Babilonia, les fue escondida la revelación de los mismos, lo que significa que les fue encubierto. El que tiene una genuina revelación de Dios, tendrá el sumo cuidado de nunca quitarle la gloria que le pertenece a aquel que revela sus misterios. A DIOS

La Biblia nos menciona varias escenas en las que los reyes al no entender determinados acontecimientos, gritaron e hicieron venir a los sabios, adivinos, agoreros, hechiceros y magos que tenían en su reino, esto lo hizo Faraón, lo volvió a hacer Nabucodonosor, lo repitió Beltsasar y aun Herodes consultó con ellos.

Mas ninguno de ellos pudieron interpornerse ante el movimiento de Dios. Tampoco fueron capaces de interpretar ni el sueño ni la escritura en la pared, como tampoco determinar dónde nacería el Salvador Jesucristo.

Nos damos cuenta de que cuando Dios interviene en el acontecer de la historia, el poder de las tinieblas y sus instrumentos, no podrán jamás dar una respuesta. Cuando Dios habla siempre sus escogidos recibirán respuesta no el mundo. Esto nos muestra que en esta hora profética, vuelve a repetirse lo mismo, sólo la Iglesia y sus ministros fieles y llenos de la unción y el poder del Espíritu Santo, tienen la palabra profética más segura.

Sólo a través de la Iglesia y por medio de los profetas de Dios, se está dando a conocer la palabra de revelación, lo que ningún hombre natural podrá jamás interpretar.

Siempre que Dios ha hablado, habla y hablará, sólo sus ungidos y fieles entenderán el verdadero y genuino mensaje de su revelación. Esta es la hora en que el Espíritu de Dios está a punto de confundir y desorientar a las fuerzas de las tinieblas, los adivinos, síquicos, agoreros o como queramos llamarles, en *esta hora no son ellos los que tienen la respuesta de los misterios y secretos de Dios.* Cuando Dios habla como lo está haciendo hoy, sólo los que están íntimamente ligados y unidos a la unción fresca del Espíritu Santo, podrán discernir y entender la verdadera y auténtica revelación divina.

> *El que tiene una genuina revelación de Dios, tendrá el sumo cuidado de nunca quitarle la gloria que le pertenece a aquel que revela sus misterios.*

En el Nuevo Testamento, en la mayoría de los textos en donde se utiliza el término "misterio", tiene que ver con verdades relacionadas con la iglesia, que no eran conocidas en el Antiguo Testamento.

> *Que por revelación me fue declarado el misterio, como antes lo he escrito brevemente, leyendo lo cual podéis entender cuál sea mi conocimiento en el misterio de Cristo, misterio que en otras generaciones no se dio a conocer a los hijos de los hombres, como ahora es revelado a sus santos apóstoles y profetas por el Espíritu: que los gentiles son coherederos y miembros del mismo cuerpo, y copartícipes de la promesa en Cristo Jesús por medio del evangelio.*
>
> Efesios 3:3-6

En el Antiguo Testamento leemos profecías que tienen que ver con la muerte y resurrección de Cristo, y otras revelaciones sumamente importantes. Sin embargo, lo que nunca se mencionó fue la Iglesia y este tiempo de gracia actual, estas enseñanzas y doctrinas son los misterios de los cuales nos habla el Nuevo Testamento.

Y al que puede confirmaros según mi evangelio y la predicación de Jesucristo, según la revelación del misterio que se ha mantenido oculto desde tiempos eternos, pero que ha sido manifestado ahora, y que por las Escrituras de los profetas, según el mandamiento del Dios eterno, se ha dado a conocer a todas las gentes para que obedezcan a la fe, al único y sabio Dios, sea gloria mediante Jesucristo para siempre. Amén.

Romanos 16:25-27

La palabra "misterios" tiene que ver con las verdades reveladas en la Biblia, aunque permaneciendo en lo secreto o escondido de Dios, son verdades no reveladas al no creyente, ya que no las puede entender o discernir espiritualmente.

Sin embargo, hablamos sabiduría entre los que han alcanzado madurez; y sabiduría, no de este siglo, ni de los príncipes de este siglo, que perecen. Mas hablamos sabiduría de Dios en misterio, la sabiduría oculta, la cual Dios predestinó antes de los siglos para nuestra gloria, la que ninguno de los príncipes de este siglo conoció; porque si la hubieran conocido, nunca habrían crucificado al Señor de gloria.

Antes bien, como está escrito: Cosas que ojo no vio, ni oído oyó, ni han subido en corazón de hombre, son las que Dios ha preparado para los que le aman.

Pero Dios nos las reveló a nosotros por el Espíritu; porque el Espíritu todo lo escudriña, aun lo profundo de Dios.

Porque ¿quién de los hombres sabe las cosas del hombre, sino el espíritu del hombre que está en él? Así tampoco nadie conoció las cosas de Dios, sino el Espíritu de Dios. Y nosotros no hemos recibido el espíritu del mundo, sino el Espíritu que proviene de Dios, para que sepamos lo que Dios nos ha concedido, lo cual también hablamos, no con palabras enseñadas por sabiduría humana, sino con las que enseña el Espíritu, acomodando lo espiritual a lo espiritual.

Pero el hombre natural no percibe las cosas que son del Espíritu de Dios, porque para él son locura, y no las puede entender, porque se han de discernir espiritualmente.

1 Corintios 2:6-14

Por medio de la Palabra de Dios, el nuevo nacimiento y la revelación permanente del Espíritu Santo, podemos conocer los misterios de Dios.

Los misterios en la Biblia

En el Nuevo Testamento, este término expresa una acción o dispensación de Dios guardada en secreto hasta la hora precisa y determinada.

Y al que puede confirmaros según mi evangelio y la predicación de Jesucristo, según la revelación del misterio que se ha mantenido oculto desde tiempos eternos, pero que ha sido manifestado ahora, y que por las Escrituras de los profetas, según el mandamiento del Dios eterno, se ha dado a conocer a todas las gentes para que obedezcan a la fe, al único y sabio Dios, sea gloria mediante Jesucristo para siempre. Amén.

Romanos 16:25-27

Es también el momento en que el Espíritu Santo ha preparado al hombre para la recepción de la comunicación.

Y les dijo: A vosotros os es dado saber el misterio del reino de Dios; mas a los que están fuera, por parábolas todas las cosas.

Marcos 4:11

Un misterio así revelado no debe ser guardado en secreto, sino al contrario proclamado en público.

El misterio escondido durante el transcurso de los siglos es ahora manifestado y puesto al conocimiento de todas las naciones; este misterio, del que Pablo tuvo conocimiento, no había sido manifestado a las anteriores generaciones, como ha sido revelado ahora por el Espíritu Santo a la Iglesia.

Que por revelación me fue declarado el misterio, como antes lo he escrito brevemente, leyendo lo cual podéis entender cuál sea mi conocimiento en el misterio de Cristo, misterio que en otras generaciones no se dio a conocer a los hijos de los hombres, como ahora es revelado a sus santos apóstoles y profetas por el Espíritu:... y de aclarar a todos cuál sea la dispensación del misterio escondido desde los siglos en Dios, que creó todas las cosas; para que la multiforme sabiduría de Dios sea ahora dada a conocer por medio de la iglesia a los principados y potestades en los lugares celestiales.

Efesios 3:3-5, 9,10.

El misterio que había estado oculto desde los siglos y edades, pero que ahora ha sido manifestado a sus santos, a quienes Dios quiso dar a conocer las riquezas de la gloria de este misterio entre los gentiles; que es Cristo en vosotros, la esperanza de gloria.

Colosenses 1:26-27

*Así, pues, téngannos los hombres por servidores de Cristo,
y administradores de los misterios de Dios.*

1 Corintios 4:1

El misterio del cual la Biblia nos da referencia contiene un elemento sobrenatural que sobrepasa al hombre a pesar de la revelación dada y solamente lo conocemos en parte.

Ahora vemos por espejo, oscuramente; mas entonces veremos cara a cara. Ahora conozco en parte; pero entonces conoceré como fui conocido.

1 Corintios 13:12

Precisaremos la eternidad para sondear las cosas profundas de Dios.

Pablo es uno de los apóstoles que hace mención con mayor frecuencia de lo que son los distintos misterios de Dios, por lo cual en los próximos capítulos podrás leer de estos diversos misterios que se encuentran en el Nuevo Testamento.

Capítulo 4

El misterio del reino de los cielos

El misterio del reino de los cielos, tiene que ver con la agenda del programa de Dios entre lo que es la primera manifestación de Jesucristo en forma humanizada a este mundo y su Segunda Venida a la tierra.

Él respondiendo, les dijo: Porque a vosotros os es dado saber los misterios del reino de los cielos; mas a ellos no les es dado. Porque a cualquiera que tiene, se le dará, y tendrá más; pero al que no tiene, aun lo que tiene le será quitado. Por eso les hablo por parábolas: porque viendo no ven, y oyendo no oyen, ni entienden.

De manera que se cumple en ellos la profecía de Isaías, que dijo: De oído oiréis, y no entenderéis; y viendo veréis, y no percibiréis.

Porque el corazón de este pueblo se ha engrosado, y con los oídos oyen pesadamente, y han cerrado sus ojos; para que no vean con los ojos, y oigan con los oídos, y con el corazón entiendan, y se conviertan, y yo los sane.

Mateo 13:11-15

Al principio de su ministerio Jesús comienza a utilizar las parábolas, estas son usadas como un medio de enseñar las verdades del reino al pueblo. Por lo que podemos encontrar en los cuatro evangelios un total de 40 parábolas pronunciadas, entre las cuales 19 de ellas hacen referencias directas al reino de los cielos y al reino de Dios.

La revelación de los misterios del reino de los cielos es: que en Cristo primero, el hombre y la mujer son restaurados a la comunión con Dios y a su dependencia.

Algunas de estas tienen que ver con un tiempo presente, cuando se establece que el que tiene oídos para oír oiga, es la manera también como el reino se expande y las condiciones dadas para pertenecer al reino.

Mientras otras parábolas tienen que ver con un tiempo futuro, enseñando lo que les espera a los que son engañados por el adversario, así como el efecto que producirá sobre aquellos que reciban la revelación del evangelio.

Al hablar el Señor de los misterios del reino y marcar un tiempo presente y un tiempo futuro nos está mostrando los dos aspectos extraordinarios que existen. Poder vivir en el presente, como así también en el tiempo venidero.

La revelación de los misterios del reino de los cielos es: que en Cristo primero, el hombre y la mujer son restaurados a la comunión con Dios y a su dependencia.

El reino es una realidad de la cual ya podemos comenzar a disfrutar en forma parcial, extendiéndose a todos los habitantes en la faz de la tierra que estén dispuestos a reconocer la redención de Jesucristo en la cruz. Así como del poder y la unción del Espíritu Santo que actúa a través de la Iglesia.

En segundo lugar, todos aquellos nacidos de nuevo y lavados con su sangre, serán participantes del reino de los cielos a plenitud, lo que ahora estamos experimentando no es comparable a lo que experimentaremos. Aunque sí es de entender que en el tiempo presente podemos gozar y disfrutar de su gloria y experimentar en cada momento de nuestra vida, su presencia, mientras vamos rumbo a la eternidad.

Bendito sea el Dios y Padre de nuestro Señor Jesucristo, que nos bendijo con toda bendición espiritual en los lugares celestiales en Cristo.

Efesios 1:3

Cuando el apóstol Pablo menciona aquí los lugares celestiales, la raíz griega que es utilizada, tiene que ver también con el reino invisible que siempre rodea nuestras vidas, y todo lo que tenga que ver con nuestra actividad espiritual.

La autoridad que continuamente emana de Jesucristo sobre su Iglesia, en esos misterios del reino de los cielos, se manifiesta continuamente y está por encima de cualquier poder conocido dispuesto para ser derramado hoy.

Y juntamente con él nos resucitó, y asimismo nos hizo sentar en los lugares celestiales con Cristo Jesús.

Efesios 2:6

En Cristo hemos participado de su vida en el poder de la resurrección y en su ascensión, al estar estrechamente unidos con Él, por eso podemos participar en las manifestaciones del poder de su reino. Hoy podemos experimentar y disfrutar de su gloria y gozarnos en su presencia continua, conocer la autoridad que se manifiesta siempre en Él, y a la vez entender el glorioso futuro que nos aguarda.

Jesucristo estableció tres propósitos en utilizar las enseñanzas por medio de las parábolas:

1. Era el medio de garantizar, certificar y probar que "Él era el Mesías", cumpliéndose así la profecía de Isaías.

Todo esto habló Jesús por parábolas a la gente, y sin parábolas no les hablaba; para que se cumpliese lo dicho por el profeta, cuando dijo: Abriré en parábolas mi boca; declararé cosas escondidas desde la fundación del mundo.

Mateo 13:34-35

2. Era la forma en que Él habría de impartir sus enseñanzas para aquellos que le creyeran.

Él respondiendo, les dijo: Porque a vosotros os es dado saber los misterios del reino de los cielos; mas a ellos no les es dado.

Mateo 13:11

3. Era la forma en que el oyente incrédulo no entendiera la verdad que estaba siendo revelada.

Por eso les hablo por parábolas: porque viendo no ven, y oyendo no oyen, ni entienden. De manera que se cumple en ellos la profecía de Isaías, que dijo: De oído oiréis, y no entenderéis; y viendo veréis, y no percibiréis. Porque el corazón de este pueblo se ha engrosado, y con los oídos oyen pesadamente, y han cerrado sus ojos; para que no vean con los ojos, y oigan con los oídos, y con el corazón entiendan, y se conviertan, y yo los sane.

Mateo 13:13-15

En todo el evangelio de Mateo, Jesucristo relacionaba su ministerio y propósito con la profecía, de esto deriva la importancia también de la expresión "el reino de los cielos".

El reino de Dios es la esfera del gobierno de Dios

Porque de Jehová es el reino, y él regirá las naciones.

Salmo 22:28

Tu reino es reino de todos los siglos, y tu señorío en todas las generaciones.

Salmo 145:13

Que te echarán de entre los hombres, y con las bestias del campo será tu morada, y con hierba del campo te apacentarán como a los bueyes, y con el rocío del cielo serás bañado; y siete tiempos pasarán sobre ti, hasta que conozcas que el Altísimo tiene dominio en el reino de los hombres, y que lo da a quien él quiere.

Daniel 4:25

Quitó de los tronos a los poderosos, y exaltó a los humildes.

Lucas 1:52

Sométase toda persona a las autoridades superiores; porque no hay autoridades sino de parte de Dios, y las que hay, por Dios han sido establecidas.

Romanos 13:1

El reino de Dios es la esfera en la cual, en cualquier momento dado se reconoce su gobierno y autoridad. Dios jamás ha cedido su soberanía frente a la rebelión, sea esta lo mismo en las esferas espirituales que en las humanas. Sino que Él ha declarado afirmarla y confirmarla por encima de todo.

Y en los días de estos reyes el Dios del cielo levantará un reino que no será jamás destruido, ni será el reino dejado a otro pueblo; desmenuzará y consumirá a todos estos reinos, pero él permanecerá para siempre.

Daniel 2:44

...do dominio, gloria y reino, para que todos los ...aciones y lenguas le sirvieran; su dominio es ...erno, que nunca pasará, y su reino uno que no ...uido.

Daniel 7:14

Luego el fin, cuando entregue el reino al Dios y Padre, cuando haya suprimido todo dominio, toda autoridad y potencia. Porque preciso es que él reine hasta que haya puesto a todos sus enemigos debajo de sus pies.

1 Corintios 15:24-25

Dios continuamente llama a los hombres en todos los lugares del mundo, sin hacer acepción, de raza o color, de clase social o nacionalidad, a que se rindan y acepten en forma voluntaria el señorío de su gobierno y reino. Por eso se dice acerca del reino de Dios que es un misterio. Esto jamás se encontrará ni hallará en las tinieblas, ni en el propio hombre.

Preguntado por los fariseos, cuándo había de venir el reino de Dios, les respondió y dijo: El reino de Dios no vendrá con advertencia, ni dirán: Helo aquí, o helo allí; porque he aquí el reino de Dios está entre vosotros.

Lucas 17:20-21

Éste sólo se hallará cuando el hombre sea capaz de discernir y comprender que por medio de Jesucristo, nos han sido revelados la verdadera autoridad y el poder del reino de Dios.

Respondió Jesús y le dijo: De cierto, de cierto te digo, que el que no naciere de nuevo, no puede ver el reino de Dios.

Juan 3:3

De acuerdo al programa profético de Dios, en un futuro Él establecerá en la tierra por medio de su amado Hijo, lo que será la manifestación visible de su reino lleno de gloria y justicia.

Cuando el Hijo del Hombre venga en su gloria, y todos los santos ángeles con él, entonces se sentará en su trono de gloria, y serán reunidas delante de él todas las naciones; y apartará los unos de los otros, como aparta el pastor las ovejas de los cabritos. Y pondrá las ovejas a su derecha, y los cabritos a su izquierda. Entonces el Rey dirá a los de su derecha: Venid, benditos de mi Padre, heredad el reino preparado para vosotros desde la fundación del mundo.

Mateo 25:31-34

Por lo cual Dios también le exaltó hasta lo sumo, y le dio un nombre que es sobre todo nombre, para que en el nombre de Jesús se doble toda rodilla de los que están en los cielos, y en la tierra, y debajo de la tierra; y toda lengua confiese que Jesucristo es el Señor, para gloria de Dios Padre.

Filipenses 2:9-11

Te encarezco delante de Dios y del Señor Jesucristo, que juzgará a los vivos y a los muertos en su manifestación y en su reino.... y el Señor me librará de toda obra mala, y me preservará para su reino celestial. A él sea gloria por los siglos de los siglos. Amén.

2 Timoteo 4:1,18

La base y el fundamento establecido del reino de Dios, fue anunciado por el mismo Señor Jesucristo.

Ni dirán: Helo aquí, o helo allí; porque he aquí el reino de Dios está entre vosotros.

Lucas 17:21

Esto significa que allí mismo donde está el rey, en ese lugar determinado está su reino. Por lo cual en esta hora en el mundo en donde vivimos, el lugar donde se establece el reino de Dios, es en la vida de cada uno de los creyentes fieles en Cristo. Y también en cada lugar donde se proclama y se engrandece su nombre, en cada iglesia local, cuando en una actitud reverencial y en plena certidumbre de fe se reconoce su presencia y poder.

Es una firme decisión que hay que tomar cuando reconocemos y aceptamos a Jesucristo en nuestras vidas, porque ello significa estar dispuesto a vivir en su gobierno y señorío. Esto tiene que ver con que Él sea el Rey de nuestra vida por completo.

Es importante entender que la manera de entrar y disfrutar de todo aquello que es parte del reino de Dios, es por medio del nuevo nacimiento, porque absolutamente nada de lo que el hombre pueda hacer por sus méritos, o por su intelecto y capacidades naturales, nada de esto le podrá servir, en lo que concierne al reino espiritual.

Y dijo: De cierto os digo, que si no os volvéis y os hacéis como niños, no entraréis en el reino de los cielos. Así que, cualquiera que se humille como este niño, ése es el mayor en el reino de los cielos.

Mateo 18:3-4

Uno de los principios del reino de Dios, es estar dispuesto a obedecer, porque es evidente que sólo aquellos que están dispuestos a hacer la voluntad de Dios, pueden entrar en su reino.

No todo el que me dice: Señor, Señor, entrará en el reino de los cielos, sino el que hace la voluntad de mi Padre que está en los cielos.

Mateo 7:21

Por lo cual, hermanos, tanto más procurad hacer firme vuestra vocación y elección; porque haciendo estas cosas, no caeréis jamás. Porque de esta manera os será otorgada amplia y generosa entrada en el reino eterno de nuestro Señor y Salvador Jesucristo.

2 Pedro 1:10-11

Envidias, homicidios, borracheras, orgías, y cosas semejantes a estas; acerca de las cuales os amonesto, como ya os lo he dicho antes, que los que practican tales cosas no heredarán el reino de Dios.

Gálatas 5:21

Porque sabéis esto, que ningún fornicario, o inmundo, o avaro, que es idólatra, tiene herencia en el reino de Cristo y de Dios.

Efesios 5:5

En el evangelio de Mateo al referirse el término reino de Dios, se utiliza la terminología "el reino de los cielos". Este término también lo podemos leer cuando Pablo le escribe a Timoteo.

Y el Señor me librará de toda obra mala, y me preservará para su reino celestial. A él sea gloria por los siglos de los siglos. Amén.

2 Timoteo 4:18

Cuando se menciona "el reino de Dios" y "el reino de los cielos", son dos expresiones que se utilizan en forma indistinta, esto no significa que sean totalmente idénticas o que tenga que ver con lo mismo.

El apóstol Pablo fue uno de los que mencionó continuamente el reino de Dios, y cómo éste se revela a los hombres. Este reino va más allá de las palabras. Aquellos que son parte de este reino manifestarán su poder por medio de la unción del Espíritu Santo.

> *El reino de Dios es el poder y la autoridad establecidos sobre el reino de las tinieblas y el poder de Satanás.*

El reino de Dios es el concepto de que Dios mismo se manifiesta para demostrar su gloria, poder y autoridad, por encima de cualquier engaño y artimaña de Satanás y condición que pueda haber en el mundo. El reino de Dios es una plena confirmación del poder de Él en acción, comenzando su gobierno espiritual en los hombres y las mujeres que lo aceptan.

Debido a la sublime manifestación del poder de Dios, proyectándose sobre la tierra, en estos días proféticos, esto hace temblar y llenar de asombro y pánico al imperio infernal del diablo, sabiendo que le queda poco tiempo. Dios confronta al mundo con su poder y la revelación de su Palabra viviente, los humanos tienen frente a ellos dos alternativas, someterse y reconocer su reino en forma voluntaria, o rechazarlo definitivamente.

La manera establecida por Dios para entrar en su reino es esta:

> *Diciendo: El tiempo se ha cumplido, y el reino de Dios se ha acercado; arrepentíos y creed en el evangelio.*

> Marcos 1:15

El evangelio tiene que ver con respecto a lo que el Señor proclamó durante su ministerio, dando evidencias del gobierno de Dios, y estableciendo los requisitos para entrar en ese reino, esto era arrepentirse de sus pecados y creer en el evangelio.

La Iglesia primitiva proclamó ese mismo evangelio y mensaje que Jesús anunció, o sea el evangelio del reino de Dios, confirmado por evidencias notorias, que era y es la continua manifestación de su presencia y voluntad en la tierra. Sólo existe un evangelio, el que Jesús proclamó, y lo comisionó a sus propios discípulos, y por consiguiente lo encomendó a toda su Iglesia.

Pablo estableció un principio importante: "no recibáis a nadie que traiga otro evangelio". Hoy se levantan voces muy extrañas queriendo establecer otro evangelio, en forma sutil y equívoca. Pero sólo hay un evangelio del reino de Dios, aquel que es proclamado con tenacidad, poder, autoridad, y donde se manifiestan las evidencias que acompañan y confirman ese evangelio con las señales que el mismo Señor declaró. El reino de Dios es el poder y la autoridad establecidos sobre el reino de las tinieblas y el poder de Satanás.

En otras palabras, donde llega el poder del reino de Dios, allí comienza la destrucción y el rompimiento del gobierno de las tinieblas sobre las almas.

En ese lugar llega la liberación, produciendo libertad a los cautivos y oprimidos, sanidad a los enfermos y milagros a aquellos que están desesperados. También comienza el derramar de la unción fresca y gloriosa del Espíritu Santo, produciendo un movimiento de avivamiento.

Ahora es el juicio de este mundo; ahora el príncipe de este mundo será echado fuera.

Juan 12:31

Pero yo os digo la verdad: Os conviene que yo me vaya; porque si no me fuese, el Consolador no vendría a vosotros; mas si me fuere, os lo enviaré. Y cuando él venga, convencerá al mundo de pecado, de justicia y de juicio. De pecado, por cuanto no creen en mí; de justicia, por cuanto voy al Padre, y no me veréis más; y de juicio, por cuanto el príncipe de este mundo ha sido ya juzgado.

Juan 16:7-11

Como hemos visto anteriormente el reino de Dios tiene dos movimientos específicos: en un tiempo presente y en un tiempo futuro.

En el presente se mueve por medio de su Iglesia para bendición de las vidas, destruyendo continuamente las obras del diablo a través de su victoria triunfante en la cruz y su sangre derramada, y es evidente que esto será hasta el fin de la era de la Iglesia. La manifestación visible de la Segunda Venida de Jesucristo establecerá la manifestación gloriosa del reino de Dios, estableciendo el milenio en la tierra donde toda la gloria y poder será manifestado por medio de Él a todas las naciones. Ahí se cumplirá la palabra profética que dice: *la tierra será llena del conocimiento de la gloria del Señor como las aguas cubren el mar.*

Entonces aparecerá la señal del Hijo del Hombre en el cielo; y entonces lamentarán todas las tribus de la tierra, y verán al Hijo del Hombre viniendo sobre las nubes del cielo, con poder y gran gloria.

Mateo 24:30

Entonces verán al Hijo del Hombre, que vendrá en una nube con poder y gran gloria.

Lucas 21:27

De su boca sale una espada aguda, para herir con ella a las naciones, y él las regirá con vara de hierro; y él pisa el lagar del vino del furor y de la ira del Dios Todopoderoso. Y en su vestidura y en su muslo tiene escrito este nombre: REY DE REYES Y SEÑOR DE SEÑORES.

Apocalipsis 19:15-16

Finalmente el cumplimiento total y pleno del reino de Dios, será cuando Jesucristo destruya para siempre toda la maldad y rebelión, entregando el reino a su Padre celestial.

Luego el fin, cuando entregue el reino al Dios y Padre, cuando haya suprimido todo dominio, toda autoridad y potencia.

Porque preciso es que él reine hasta que haya puesto a todos sus enemigos debajo de sus pies. Y el postrer enemigo que será destruido es la muerte. Porque todas las cosas las sujetó debajo de sus pies. Y cuando dice que todas las cosas han sido sujetadas a él, claramente se exceptúa aquel que sujetó a él todas las cosas.

Pero luego que todas las cosas le estén sujetas, entonces también el Hijo mismo se sujetará al que le sujetó a él todas las cosas, para que Dios sea todo en todos.

1 Corintios 15:24-28

Nacer en el Espíritu para el reino de Dios

Reconocer que alguien pertenece y es parte del reino de Dios, no está sencillamente en su apariencia exterior, ni en su religiosidad, ni en ritos o sacramentos que se pueden llegar a cumplir, ni aun las muchas buenas obras que pueda hacer. Esto va más allá de todo lo que es superficial y visible al ojo humano.

Me estoy refiriendo a una viva y personal relación con Dios, por medio de Jesucristo, y la renovación continua del

Espíritu Santo. Es aquello que hay en nuestro interior, en lo profundo de nuestro ser, lo que guardamos en nuestro corazón, las riquezas espirituales en Dios. Como pueden ser, amor, gozo, consagración, santidad, obediencia, rendición y todo lo que tenga que ver con una nueva vida.

> *Sin el nuevo nacimiento nadie puede ser partícipe del reino de Dios.*

Esta nueva vida fue declarada a Nicodemo cuando llegándose a Jesús de noche dialoga con el maestro buscando la verdad.

> *El que no naciere de agua y del Espíritu, no puede entrar en el reino de Dios.*

> Juan 3:3

Sin el nuevo nacimiento nadie puede ser partícipe del reino de Dios. Es decir no se recibe la vida eterna prometida, ni siquiera la salvación por medio de Jesucristo, que es la llave para entrar a la nueva vida regenerada y restaurada del pecado original.

El Señor añade: *No te maravilles de que te dije: Os es necesario nacer de nuevo.* Jesús conocía el corazón de Nicodemo, hombre estudioso y conocedor de las Sagradas Escrituras, principal religioso entre los fariseos judíos. Cristo vino a dar a conocer los misterios del Reino. Nicodemo los ignoraba como tantos religiosos de su época.

Cristo vino a marcar una diferencia en el tiempo, su llegada marcaba el comienzo de la revelación escondida antes de la fundación del mundo, que sólo Él, junto al Espíritu Santo y el Padre conocían.

A los escogidos se les hablaría en parábola para que entendiesen. Nicodemo sabía la ciencia de nacer de la carne desde el vientre de una madre, pero desconocía el misterio del reino de nacer por el Espíritu.

No se puede poner al mismo nivel el nuevo nacimiento y el nacimiento físico, porque la relación de Dios con el creyente es un asunto del espíritu y no de la naturaleza humana. Por lo tanto, aunque nunca se puede anular el vínculo físico entre padre e hijo, la relación de Padre celestial a hijo que Dios desea, es voluntaria y disoluble durante su tiempo en la tierra.

Esta relación permanece condicionada a la fe en Cristo, mientras estamos en la tierra moviéndonos por la fe y viviendo una vida de obediencia y amor sincero hacia nuestro Padre celestial.

Porque si vivís conforme a la carne, moriréis; mas si por el Espíritu hacéis morir las obras de la carne. Viviréis.
Porque todos los que son guiados por el Espíritu de Dios, éstos son hijos de Dios. Pues no habéis recibido el espíritu de esclavitud para estar otra vez en temor, sino que habéis recibido el espíritu de adopción por el cual clamamos: ¡Abba, Padre!

Romanos 8:13-15

La vida en el reino

El evangelio de Mateo, menciona 32 veces la expresión el reino de los cielos. Jesucristo es presentado como el Rey de este reino. Aunque Él dio continuamente a entender que su reino no era de este mundo. Ahora Él había venido a la tierra con relación al cumplimiento profético de Dios, para llevar el pecado de muchos.

Venga tu reino. Hágase tu voluntad, como en el cielo, así también en la tierra.

Mateo 6:10

Es evidente que la soberanía de Dios establece la victoria y conquista por medio de Jesucristo en la cruz el triunfo decisivo, que permite a los redimidos gozar de la autoridad y poder del reino de Dios.

Dios ha delegado sobre la Iglesia la responsabilidad de esta confrontación, para que pueda moverse en el propósito de su voluntad, triunfando en medio de una batalla contra el adversario, en la que Él ha prometido hacernos más que vencedores.

A medida que avanzamos en el cumplimiento profético, nos acercamos a la final y gloriosa victoria, al detener e impedir el dominio de los poderes infernales.

Esta fue la razón por la que continuamente el escritor del evangelio de Mateo se fundamentó en la revelación y en las promesas dadas por Dios en el Antiguo Testamento, para demostrar fielmente a sus lectores que Jesús era el Mesías que por tanto tiempo Israel había esperado.

En este evangelio se menciona la genealogía de Jesús desde Abraham hasta José su padre, según se creía. Continuamente se hace énfasis en que Jesús es el "Hijo de David".

Entre los muchos ejemplos que se pueden mencionar donde Jesús utilizó el término el reino de los Cielos, lo encontramos en el Sermón del Monte, o sea en las bienaventuranzas.

Bienaventurados los pobres en espíritu,
porque de ellos es el reino de los cielos.
Bienaventurados los que lloran,
porque ellos recibirán consolación.
Bienaventurados los mansos,
porque ellos recibirán la tierra por heredad.
Bienaventurados los que tienen hambre
y sed de justicia, porque ellos serán saciados.
Bienaventurados los misericordiosos,
porque ellos alcanzarán misericordia.
Bienaventurados los de limpio corazón,
porque ellos verán a Dios.

> *Bienaventurados los pacificadores,*
> *porque ellos serán llamados hijos de Dios.*
> *Bienaventurados los que padecen persecución*
> *por causa de la justicia,*
> *porque de ellos es el reino de los cielos.*

Mateo 5:3-10

El Señor enseñó realmente de dónde vendrían y quiénes participarían con relación al reino de los cielos.

> *Y os digo que vendrán muchos del oriente y del occidente,*
> *y se sentarán con Abraham e Isaac y Jacob en el reino de*
> *los cielos.*

Mateo 8:11

Jesús también estableció el principio de autoridad que regiría para sus discípulos y fieles creyentes, o sea las llaves del reino de los cielos, esto no tenía que ver con la exclusividad de un solo hombre o sistema humano, esto le pertenecería a todos aquellos que fueran nacidos de nuevo por el Espíritu de Dios y participantes activos de su reino.

Tomar las llaves del reino

> *Y a ti te daré las llaves del reino de los cielos; y todo lo que*
> *atares en la tierra será atado en los cielos; y todo lo que*
> *desatares en la tierra será desatado en los cielos.*

Mateo 16:19

Estas llaves de las que Jesús habla tenían que ver con la autoridad que Dios delegó a su Iglesia, por medio de la misma ellos podrían llevar a cabo la gran encomienda delegada.

Pedro fue el apóstol escogido para abrir la dispensación de la gracia en la cual estamos viviendo, pero sobre la revelación que nadie se lo podía haber dicho sino *sólo mi Padre que está en los cielos*.

Sobre esa revelación es que Cristo funda su Iglesia. Esta revelación consiste en que Jesús era el Cristo, el Hijo del Dios Viviente.

Estas llaves del reino producirían los siguientes efectos como respuesta de Dios:

- Autoridad para reprender el pecado y establecer la nueva vida en Cristo por medio de la redención de Jesucristo y su sangre derramada en la cruz.

Otra vez os digo, que si dos de vosotros se pusieren de acuerdo en la tierra acerca de cualquiera cosa que pidieren, les será hecho por mi Padre que está en los cielos.

Mateo 18:19

- Orar e interceder en forma unida con otros creyentes para llevar a cabo la voluntad de Dios en la tierra.

Porque donde están dos o tres congregados en mi nombre, allí estoy yo en medio de ellos.

Mateo 18:20

- Poder y autoridad para atar toda clase de demonios y espíritus malignos, estableciendo la libertad en Cristo de aquellos que están cautivos por cadenas de pecados, vicios y enfermedades.

Ninguno puede entrar en la casa de un hombre fuerte y saquear sus bienes, si antes no le ata, y entonces podrá saquear su casa.

Marcos 3:27

- Proclamar el mensaje claro del evangelio, la culpabilidad del pecado, la justificación por medio de Jesucristo y todo aquello que vendrá sobre este mundo dentro del programa profético de Dios.

Y vino gran temor sobre toda la iglesia, y sobre todos los que oyeron estas cosas. Y por la mano de los apóstoles se hacían muchas señales y prodigios en el pueblo; y estaban todos unánimes en el pórtico de Salomón.

Hechos 5:11-12

- Declarar que la salvación y el perdón de los pecados están disponibles para todos aquellos que están dispuestos a arrepentirse y reconocer a Jesucristo como la única fuente de salvación y vida eterna.

A quienes remitiereis los pecados, les son remitidos; y a quienes se los retuviereis, les son retenidos.

Juan 20:23

Al oír esto, se compungieron de corazón, y dijeron a Pedro y a los otros apóstoles: Varones hermanos, ¿qué haremos? Pedro les dijo: Arrepentíos, y bautícese cada uno de vosotros en el nombre de Jesucristo para perdón de los pecados; y recibiréis el don del Espíritu Santo. Porque para vosotros es la promesa, y para vuestros hijos, y para todos los que están lejos; para cuantos el Señor nuestro Dios llamare. Y con otras muchas palabras testificaba y les exhortaba, diciendo: Sed salvos de esta perversa generación.

Hechos 2:37-40

Y después de mucha discusión, Pedro se levantó y les dijo: Varones hermanos, vosotros sabéis cómo ya hace algún tiempo que Dios escogió que los gentiles oyesen por mi boca la palabra del evangelio y creyesen. Y Dios, que conoce los corazones, les dio testimonio, dándoles el Espíritu Santo lo mismo que a nosotros; y ninguna diferencia hizo entre nosotros y ellos, purificando por la fe sus corazones.

Hechos 15:7-9

El reino de Dios se establece por Cristo en su nacimiento en la tierra y al predicar su verdad a los hombres al recibir el nuevo nacimiento. Todos aquellos que creen en su nombre reciben los derechos legales de su reino adoptando las normas y las leyes de Él. Mientras que el reino de los cielos es la continuación de todos los redimidos por su sangre que tendrán derechos legítimos para ser participantes de su herencia eterna. Al ser hijos de Dios heredamos el reino de los cielos.

El séptimo ángel tocó la trompeta, y hubo grandes voces en el cielo, que decían: Los reinos del mundo han venido a ser de nuestro Señor y de su Cristo; y él reinará por los siglos de los siglos.

Apocalipsis 11:15

Entonces oí una gran voz en el cielo, que decía: Ahora ha venido la salvación, el poder, y el reino de nuestro Dios, y la autoridad de su Cristo; porque ha sido lanzado fuera el acusador de nuestros hermanos, el que los acusaba delante de nuestro Dios día y noche.

Apocalipsis 12:10

La tarea y responsabilidad de todos aquellos que son parte del reino de Dios son las siguientes:

1. Buscar continuamente en forma perseverante el estar siempre anhelante de las manifestaciones y señales del reino de Dios.

2. Tener hambre de la Palabra y sed de su Espíritu en nuestras vidas, en las que su presencia se manifiesta de continuo.

3. Saber que son las personas valientes y esforzadas las que arrebatan el reino de los cielos, personas decididas y dispuestas a no tener nada que ver con el pecado ni nada que se le parezca, con tal de caminar en la rectitud de la Palabra revelada.

4. Conocer a cada momento que para disfrutar y tener el reino de los cielos y todas las bendiciones que le acompañan, debemos pelear la buena batalla de la fe y echar mano a la vida eterna resistiendo firme toda asechanza de Satanás, así como el pecado y cualquier tipo de influencia que pueda o intente proyectar sobre nuestra vida la sutil artimaña de este mundo.

5. El reino de Dios no es para aquellos que están conformes y estáticos, ni para los que viven descuidados, sino para hombres y mujeres que saben moverse en fe y actuar en fe, sin mirar las circunstancias ni las adversidades que les rodean.

Hoy es el tiempo de avanzar proclamando el poder y autoridad del reino de Dios, mientras vamos caminando, poniendo nuestra mirada en el Autor y Consumador de la vida Jesucristo, quien vendrá a buscarnos para llevarnos a su cielo de eternidad y gloria sin par.

Capítulo 5

El misterio del endurecimiento de Israel

Porque no quiero, hermanos, que ignoréis este misterio,
para que no seáis arrogantes en cuanto a vosotros
mismos: que ha acontecido a Israel endurecimiento
en parte, hasta que haya entrado
la plenitud de los gentiles.

Romanos 11:25

Para muchos hablar de las profecías en torno al tema de Israel y su plan a través de los tiempos es algo particularmente propio de cierto fanatismo de interpretación de aquellos que creen en las profecías bíblicas.

Con todo lo que puedan llegar a decir, eso no nos afecta ya que el movimiento profético que Dios ha determinado por medio de su Palabra, la Biblia, se cumplirá por encima de cualquier criterio o discrepancia que los humanos puedan plantear en esta hora. Recordemos que Dios mismo garantiza su Palabra y confirma cada uno de sus hechos, por lo tanto, es necesario observar con detenimiento todo aquello que tenga una relación directa con el movimiento de Israel en las naciones.

El cuidado, preservación y restauración de Israel a través de los años, figura entre uno de los misterios para la mayoría de las personas. No así para aquellos que estudian y creen en la revelación de la Palabra de Dios.

De acuerdo a las enseñanzas de las Escrituras, la nación de Israel está endurecida, no sólo tiene un endurecimiento espiritual porque abiertamente rechazaron al que era su Mesías, sino que como consecuencia de esta condición, un juicio divino ha caído sobre la nación, de tal manera que mantiene un velo sobre sus mentes que les causa el "endurecimiento".

La palabra endurecer, en el original griego *porosis* significa: ceguera, dureza y se refiere a ceguera de la mente, como cubierta de un callo. *Percepción o discernimiento mental apagado, alguien a quien le ha sido embotada la mente.*

Cuando Pablo utiliza la palabra endurecimiento, significa cubierta con un callo o una dureza, y viene de un verbo que significa cubrir con una gruesa piel, endurecer cubriendo con un callo. Esta palabra es un término médico que describe el proceso por el cual las extremidades de huesos fracturados se fijan mediante una osificación o callosidad petrificada.

Algunas veces se refiere a una sustancia dura en el ojo que lo ciega, esto en el sentido espiritual tiene que ver con insensibilidad o ausencia de percepción espiritual y ceguera espiritual.

Como está escrito: Dios les dio espíritu de estupor, ojos con que no vean y oídos con que no oigan, hasta el día de hoy.

Romanos 11:8

Ya el profeta Isaías habló sobre esta condición:

Y dijo: Anda, y di a este pueblo: Oíd bien, y no entendáis; ver por cierto, mas no comprendáis. Engruesa el corazón de este pueblo, y agrava sus oídos, y ciega sus ojos, para que no vea con sus ojos, ni oiga con sus oídos, ni su corazón entienda, ni se convierta, y haya para él sanidad.

Isaías 6:9-10

Es evidente que la actitud y comportamiento de Israel hacia Jesús, los llevó a que esta profecía se cumpliera literalmente en ellos.

Pablo habla sobre esto mismo y dice a los corintios:

Pero el entendimiento de ellos se embotó; porque hasta el día de hoy, cuando leen el antiguo pacto, les queda el mismo velo no descubierto, el cual por Cristo es quitado. Y aun hasta el día de hoy, cuando se lee a Moisés, el velo está puesto sobre el corazón de ellos.

2 Corintios 3:14-15

El velo literal de Moisés, representa el velo espiritual que impide a Israel –aunque lee la Torá junto al Antiguo Testamento–, que sus ojos espirituales sean abiertos para discernir a Jesucristo como el único Mesías enviado por el Padre. Pero Pablo afirma que ciertamente esta situación no será para siempre, llegará el momento en que esta condición cambiará radicalmente.

Pero cuando se conviertan al Señor, el velo se quitará.

2 Corintios 3:16

El apóstol Pablo establece que Israel ha sido apartado del lugar de bendición en que Dios le había colocado, para que por un tiempo los gentiles puedan ser llevados a ese lugar de bendición del cual Israel ha sido rechazado y que temporalmente le ha sido impedido; pero llegará un momento en que serán llevados de nuevo a ese estado de bendición.

El endurecimiento de esto es un misterio que de acuerdo a la Palabra de Dios tiene que ver con lo que no había sido conocido anteriormente, algo que estaba dentro del programa de su voluntad divina y esto jamás hubiera podido ser conocido antes, sino en la manera que el Espíritu Santo ha revelado a los escogidos.

Al indicarnos que este endurecimiento es un misterio, deja claro que no había sido revelado antes, lo cual nos muestra que va más allá del solo hecho de que Israel tiene un endurecimiento espiritual, ya que si vemos la trayectoria de la historia de esta nación, esta era una experiencia que los hijos de Israel vivían muy a menudo.

Esta actitud era a la vez los efectos que producían el pecado y la desobediencia, o sea consecuencias de maldición por apartarse en pos de otros dioses, esto tiene que ver con un endurecimiento voluntario al ir en contra de lo que Dios había indicado.

Mas el misterio del endurecimiento que Pablo establece por inspiración del Señor es totalmente diferente a la forma de endurecimiento que experimentaron en el Antiguo Testamento, éste venía como consecuencia del pecado de haber rechazado al Mesías que las profecías habían anunciado anticipadamente.

Cuando Jesucristo se manifiesta como el verdadero y único Mesías que ellos necesitaban, no lo creyeron, mas lo rechazaron.

> *Y diciendo: Tú que derribas el templo, y en tres días lo reedificas, sálvate a ti mismo; si eres Hijo de Dios, desciende de la cruz. De esta manera también los principales sacerdotes, escarneciéndole con los escribas y los fariseos y los ancianos, decían: A otros salvó, a sí mismo no se puede salvar; si es el Rey de Israel, descienda ahora de la cruz, y creeremos en él.*

Mateo 27:40-42

> *Digo, pues: ¿Han tropezado los de Israel para que cayesen? En ninguna manera; pero por su transgresión vino la salvación a los gentiles, para provocarles a celos.*

Romanos 11:11

Esta condición se ha producido a consecuencia de reiteradas veces haber rechazado el plan de Dios establecido por medio de su Mesías, y actualmente esta es la situación que vive toda la nación de Israel.

Este rechazo es temporal, hasta que todos los que van a ser salvos entre los gentiles depositen su confianza en Cristo. Al Israel actuar en incredulidad, se abrió una puerta de oportunidad a los gentiles, aunque este endurecimiento es en parte, lo cual significa que la posibilidad de salvación es real y existe aún para los judíos que puedan creer en este momento en Cristo.

Es importante recordar que no se puede mezclar la iglesia de Jesucristo e Israel, ambos entran en el programa profético de Dios, pero de una manera y forma muy diferentes de llevarse a cabo el mismo.

Aunque en su mayoría la nación está experimentando el endurecimiento, llegará el tiempo establecido por Dios en que este endurecimiento será quitado de toda la nación.

Es de notar que cuando haya entrado la plenitud de los gentiles entonces el endurecimiento será quitado, y es allí donde Dios intervendrá en forma soberana y sobrenatural sobre su nación.

Israel experimentará la realidad de esta intervención divina en el mismo momento en que la Iglesia sea arrebatada, es allí mismo donde el tiempo establecido para los gentiles se haya cumplido. En ese instante Israel estará siendo llevada progresivamente hasta la plena restauración de la bendición de Dios.

Dios volverá a tratar con su nación de una forma directa y será llevada en forma progresiva a los designios divinos, aunque alcanzará la plenitud de las bendiciones en la Segunda Venida visible de Jesucristo a este mundo.

Es importante recordar que no se puede mezclar la iglesia de Jesucristo e Israel, ambos entran en el programa profético de Dios, pero de una manera y forma muy diferentes de llevarse a cabo el mismo.

Se necesita entender que siempre que la Biblia menciona la palabra remanente esto se refiere exclusivamente a Israel y no a la Iglesia, los textos que a continuación voy a mencionar nos confirman la realidad de esto.

Porque siervos somos; mas en nuestra servidumbre no nos ha desamparado nuestro Dios, sino que inclinó sobre nosotros su misericordia delante de los reyes de Persia, para que se nos diese vida para levantar la casa de nuestro Dios y restaurar sus ruinas, y darnos protección en Judá y en Jerusalén.

Mas después de todo lo que nos ha sobrevenido a causa de nuestras malas obras, y a causa de nuestro gran pecado, ya que tú, Dios nuestro, no nos has castigado de acuerdo con nuestras iniquidades, y nos diste un remanente como este.

Esdras 9:8,13

Acontecerá en aquel tiempo, que los que hayan quedado de Israel y los que hayan quedado de la casa de Jacob, nunca más se apoyarán en el que los hirió, sino que se apoyarán con verdad en Jehová, el Santo de Israel.

El remanente volverá, el remanente de Jacob volverá al Dios fuerte.

Isaías 10:20-21

Asimismo acontecerá en aquel tiempo, que Jehová alzará otra vez su mano para recobrar el remanente de su pueblo que aún quede en Asiria, Egipto, Patros, Etiopía, Elam, Sinar y Hamat, y en las costas del mar.

Y levantará pendón a las naciones, y juntará los deste-
rrados de Israel, y reunirá los esparcidos de Judá de los
cuatro confines de la tierra.

Isaías 11:11-12

En aquel día Jehová de los ejércitos será por corona de
gloria y diadema de hermosura al remanente de su pueblo.

Isaías 28:5

Quizá oirá Jehová tu Dios las palabras del Rabsaces, al
cual el rey de Asiria su señor envió para blasfemar al Dios
vivo, y para vituperar con las palabras que oyó Jehová tu
Dios; eleva, pues, oración tú por el remanente que aún ha
quedado.

Isaías 37:4

Y yo mismo recogeré el remanente de mis ovejas de todas
las tierras adonde las eché, y las haré volver a sus moradas;
y crecerán y se multiplicarán.

Jeremías 23:3

El remanente de Israel no hará injusticia ni dirá mentira,
ni en boca de ellos se hallará lengua engañosa; porque ellos
serán apacentados, y dormirán, y no habrá quien los
atemorice.

Sofonías 3:13

Mas ahora no lo haré con el remanente de este pueblo como
en aquellos días pasados, dice Jehová de los ejércitos.
Porque habrá simiente de paz; la vid dará su fruto, y dará

su producto la tierra, y los cielos darán su rocío; y haré que el remanente de este pueblo posea todo esto.

Y sucederá que como fuisteis maldición entre las naciones, oh casa de Judá y casa de Israel, así os salvaré y seréis bendición. No temáis, mas esfuércense vuestras manos.

Zacarías 8:11-13

También Isaías clama tocante a Israel: Si fuere el número de los hijos de Israel como la arena del mar, tan sólo el remanente será salvo.

Romanos 9:27

Es de reconocer que Israel es el pueblo de Dios en el Antiguo Testamento y todas las profecías que giran en relación con este pueblo se cumplirán a plenitud de acuerdo al programa de Dios trazado para él.

La Iglesia debe orar y clamar a Dios por Israel, pero entender que Dios mismo intervendrá a favor de su pueblo en el tiempo señalado. La única manera de experimentar la salvación es por medio de Jesucristo y esto es tanto para el judío como para el gentil, no hay acepción de personas. Es importante que entendamos que la principal piedra del edificio en que la Iglesia es edificada y fortalecida se llama Jesucristo, nadie más.

La Iglesia es una señal al mundo espiritual acerca de la autoridad y poder que continuamente se manifiesta en la persona de su Señor Jesucristo. Mientras que Israel es una señal al mundo, y a todas las naciones, que esta nación existe y está allí, firme aún, porque hay un Dios que la ha preservado a través de las generaciones para cumplir en ella todos los planes y propósitos que Él ha trazado.

Capítulo 6

El misterio de Cristo

Que por revelación me fue declarado el misterio, como antes lo he escrito brevemente, leyendo lo cual podéis entender cuál sea mi conocimiento en el misterio de Cristo, misterio que en otras generaciones no se dio a conocer a los hijos de los hombres, como ahora es revelado a sus santos apóstoles y profetas por el Espíritu: que los gentiles son coherederos y miembros del mismo cuerpo, y copartícipes de la promesa en Cristo Jesús por medio del evangelio.

Efesios 3:3-6

La revelación del misterio de Cristo

El apóstol Pablo estaba arrestado en una casa, durante el día podía salir alrededor de la casa con la supervisión de los soldados romanos, pero cada noche era encadenado a un soldado para seguridad, ya que no podían permitirle que se escapase antes de presentarse al César.

Pero Pablo no se veía a sí mismo preso por Roma sino que se veía preso por la causa de Jesucristo. Él sabía que Jesús era el Señor y dueño de su vida.

Más bien Pablo fue preso por predicar el evangelio a los gentiles, es decir la igualdad de salvación a través de Jesucristo entre judíos y gentiles, esta era la razón de su cautividad, y esperaba el juicio bajo las órdenes del César.

Pablo sufrió por predicar la verdad, sufrió al revelar el misterio de Cristo escondido durante las edades.

Si bien Roma lo tenía prisionero, sus propios compañeros judíos de religión le buscaron para condenarlo y matarlo. Más de una vez estuvo arrestado bajo las órdenes de los religiosos judíos. Pero Pablo prefirió apelar al César antes que caer en la sentencia de sus compatriotas.

Pablo sufrió por predicar la verdad, sufrió al revelar el misterio de Cristo escondido durante las edades. Él estaba revelando algo incomprendido e inexplicable, aun por los doctos de su época.

Al referirse Pablo a misterio, se estaba refiriendo en el término griego a un "secreto", él lo estaba abriendo a pesar de que fue guardado por mucho tiempo. Algo así como una verdad oculta para el ser humano que ahora era desvelada, sacada a la luz. Divulgada por Pablo a todos sus oyentes, por la revelación directa del Espíritu Santo.

Verdad que a los judíos religiosos no les convenía oír y menos que se hablara, ya que ellos habían matado a Jesucristo condenándolo en la cruz, como blasfemo al pronunciarse a sí mismo como Dios.

No sólo Pablo recibió la luz que lo cegó físicamente cuando con poderes otorgados por el Sanedrín, quien era la autoridad máxima religiosa en aquellos días, iba a Damasco a encarcelar a los cristianos, sino que después de tres días sin ver, donde no comió ni bebió, las escamas de sus ojos se cayeron y recibió al instante la vista y el Espíritu Santo a través de la imposición de manos de un discípulo llamado Ananías.

El Espíritu de verdad le hace recordar las profecías del Antiguo Testamento que aprendió desde su niñez, pero no las discernía y entendía claramente, hasta el momento en que el Espíritu Santo se las reveló a su espíritu.

Una de ellas es la que el profeta Isaías habla del Cristo que sería luz para las naciones.

También te di por luz de las naciones, para que seas mi salvación hasta lo postrero de la tierra.

Isaías 49:6

Pablo, sin embargo, declara específicamente cómo serían unidos en un solo cuerpo judíos y gentiles. Este misterio es sencillo: los gentiles, gente que no era apta para la salvación ahora serían puestos en el mismo cuerpo con el mismo derecho legal de herencia que los israelitas tenían. Herencia que sólo los hijos pueden tener por haber nacido del padre. Ahora podían ser adoptados por pura gracia y amor y se les daría el mismo derecho legal que el verdadero hijo.

En amor habiéndonos predestinado para ser adoptados hijos suyos por medio de Jesucristo, según el puro afecto de su voluntad.

Efesios 1:5

La palabra adoptar o adopción, viene de la raíz griega que se menciona *juiothesia*, esto viene de *juios* que es hijo, y *thesis* que es colocación. Lo cual quiere decir el lugar y la condición de un hijo dado a alguien a quien no le pertenece en forma natural.

Pues no habéis recibido el espíritu de esclavitud para estar otra vez en temor, sino que habéis recibido el espíritu de adopción, por el cual clamamos: ¡Abba, Padre!
El Espíritu mismo da testimonio a nuestro espíritu, de que somos hijos de Dios.

Romanos 8:15-16

Los creyentes en Jesucristo que le han aceptado como su Señor y Salvador, han recibido el Espíritu de adopción, otorgado como las primicias de todo lo que tiene que ser de ellos, y produce en ellos la conciencia de filiación y la actitud que corresponde sólo a los hijos.

> *Pero cuando vino el cumplimiento del tiempo, Dios envió a su Hijo, nacido de mujer y nacido bajo la ley, para que redimiese a los que estaban bajo la ley, a fin de que recibiésemos la adopción de hijos.*
> *Y por cuanto sois hijos, Dios envió a vuestros corazones el Espíritu de su Hijo, el cual clama: ¡Abba, Padre!*
> *Así que ya no eres esclavo, sino hijo; y si hijo, también heredero de Dios por medio de Cristo.*

> Gálatas 4:4-7

Estos textos determinan que todos aquellos que han recibido la adopción de hijos, se le ha concedido una verdadera filiación en principio a una relación que por consiguiente tiene que ver con el nacimiento.

En esto se hace referencia a dos contrastes, primero entre la filiación que se hace entre el creyente y la filiación eterna de Cristo, y en segundo lugar entre la libertad de que disfruta el creyente y la esclavitud, la cual procede de la condición natural de los gentiles, o la de Israel en el tiempo de la ley.

> *En amor habiéndonos predestinado para ser adoptados hijos suyos por medio de Jesucristo, según el puro afecto de su voluntad.*

> Efesios 1:5

En este texto se nos muestra que ha sido ordenado con anterioridad la adopción de hijos mediante Jesucristo. Es de notar que aquí se mencionan dos términos en griego que se tienen que entender y distinguir, y es la diferencia entre niños e hijos. Los creyentes son engendrados como niños por el Espíritu Santo mediante la fe.

En el caso de la adopción se usa el término hijo que involucra la dignidad de la relación de los creyentes como hijos, no es la entrada en la familia mediante el nacimiento espiritual, sino además el ser situado en la posición de hijos.

Y no sólo ella, sino que también nosotros mismos, que tenemos las primicias del Espíritu, nosotros también gemimos dentro de nosotros mismos, esperando la adopción, la redención de nuestro cuerpo.

Romanos 8:23

Si leemos atentamente en este texto se proyecta la adopción del creyente con relación al futuro, ya que ésta tiene que ver también con la redención del cuerpo, cuando los vivos serán transformados y cuando los que han dormido se levantarán, o sea adoptados por la eternidad y para siempre. Esto puede suceder solamente a través del evangelio, donde todos los hombres tienen una posición igual ante la gracia de Jesús.

Entonces Pedro, abriendo la boca, dijo: En verdad comprendo que Dios no hace acepción de personas.

Hechos 10:34

Pablo sabía que por pura gracia o regalo se le había concedido el privilegio de revelar estos misterios a los gentiles. Recibiendo este llamamiento directo de parte del Señor, el cual dice: "yo fui hecho ministro por el don de la gracia de Dios que me ha sido dado según la operación de su poder. A mí, que soy menos que el más pequeño de todos los santos, me fue dada esta gracia *de anunciar entre los gentiles el evangelio de las inescrutables riquezas de Cristo,* y de aclarar a todos cuál sea la dispensación del misterio escondido desde los siglos en Dios".

La palabra inescrutable: *anexichniastos* en griego, significa más allá de descubrir, que no puede ser comprendido.

Pero este misterio no solamente fue revelado para creerlo sino para vivirlo en intensidad cada día. Por eso era que Pablo estaba prisionero.

Sólo el Espíritu Santo puede revelar su plan de salvación al corazón. Inescrutables son sus caminos.

Pablo se maravilla de la gracia inmerecida dada a él, el cual recibió por el Espíritu Santo, el llamado para predicar el evangelio revelado en su mensaje por inspiración divina, el misterio oculto ahora hecho una realidad.

Cuando consideramos la historia personal de Pablo vemos que su llamamiento fue realmente de pura gracia.

Pablo, apóstol de Jesucristo por la voluntad de Dios, según la promesa de la vida que es en Cristo Jesús.

2 Timoteo 1:1

Pablo impactado por las revelaciones de Dios, no puede más que entender que este misterio es realmente como un océano sin límites, algo inmensurable. Sólo puede usar la palabra *anunciar entre los gentiles las inescrutables riquezas*. Algo que no puede ser comprendido por la mente natural.

Ni mi palabra ni mi predicación fue con palabras persuasivas de humana sabiduría, sino con demostración del Espíritu y de poder.

1 Corintios 2:4

Por esta razón su predicación estaba basada y fundamentada en demostración de poder y milagros, porque el Apóstol tenía evidencias en su Espíritu de quién era en Cristo y qué "buenas noticias estaba predicando". Él comprendió después de estudiar más de ocho años la ley de Dios que la Palabra mata, mas el Espíritu vivifica.

Estas *riquezas de Dios son inescrutables*, están más allá de nuestra imaginación. Pero este misterio no solamente fue revelado para creerlo sino para vivirlo en intensidad cada día. Por eso era que Pablo estaba prisionero.

Él soportó las cadenas con gozo porque la esperanza de las inescrutables riquezas del secreto revelado era tan evidente y poderosa en su experiencia personal que su vivencia se hacía más fuerte que las propias cadenas físicas.

Hoy vemos con frecuencia a tantos "creyentes" que dejan la fe y se desaniman con tanta facilidad por mirar los defectos y las caídas de otros. Las excusas son grandes, pero vemos detrás de sus testimonios deplorables el hecho de no conocer a Dios profundamente y menos alcanzar a tener un encuentro personal con su persona y su revelación divina.

Vemos en Saulo un hombre intrépido, audaz, valeroso en su capacidad intelectual, mas cuando tiene el encuentro con la verdadera revelación y la voz que le declara su verdad íntima, tiene que hacer un cambio en su interior.

Y habiendo caído todos nosotros en tierra, oí una voz que me hablaba, y decía en lengua hebrea: Saulo, Saulo, ¿por qué me persigues? Dura cosa te es dar coces contra el aguijón.

Yo entonces dije: ¿Quién eres, Señor? Y el Señor dijo: Yo soy Jesús, a quien tú persigues.

Pero levántate, y ponte sobre tus pies; porque para esto he aparecido a ti, para ponerte por ministro y testigo de las cosas que has visto, y de aquellas en que me apareceré a ti, librándote de tu pueblo y de los gentiles, a quienes ahora te envío, para que abras sus ojos, para que se conviertan de las tinieblas a la luz, y de la potestad de Satanás a Dios; para que reciban, por la fe que es en mí, perdón de pecados y herencia entre los santificados.

Hechos 26:14-18

Saulo estaba dando coces como el caballo contra un aguijón, esto tiene que ver con cualquier cosa aguzada, una estaca, una espina o una punta fina de hierro, es decir él mismo se estaba lastimando creyendo que servía a su religión o a su Dios al denotar su preocupación y resistencia antes de su conversión.

Muchos están de esta misma manera, sin tener una revelación profunda en su espíritu de su llamamiento.

"Para esto he aparecido a ti" para que a través de su mensaje los ojos de los ciegos espirituales vieran los misterios de Dios.

Para que salieran de las tinieblas de oscuridad y de estar bajo el poder del pecado y de su príncipe Satanás y puedan recibir el mensaje sencillo del evangelio para recibir el perdón de pecados y salir del reino de oscuridad al reino de su Hijo amado.

Y lo más importante es la herencia entre la gran multitud de los santos, lavados y hechos perfectos por la sangre de Jesús.

Claro que Pablo tuvo que sufrir por causa de predicar esta revelación. El Señor le dijo: Vé, porque instrumento escogido me es éste, para llevar *mi nombre en presencia de los gentiles*, y de reyes, y de los hijos de Israel; porque yo le mostraré cuánto le es *necesario padecer* por mi nombre (Hechos 9:15-16).

A muchos cristianos no les gusta hacer sacrificio hoy por causa de su fe. Parecen ser cristianos de papel expuestos más al placer que al sacrificio. Es más, la comodidad y los avances de la ciencia hoy en día ponen a disposición y al alcance de todos los seres humanos la visión de "acomodamiento" en todos los aspectos diarios. Para vivir una vida placentera y sin negaciones a los caprichos y hábitos destructivos en la vida diaria, ya que hay para todos los gustos habidos y por haber.

Pablo tuvo un encuentro cara a cara con la propia luz de la revelación divina de Jesucristo resucitado, el verdadero y único Mesías. Fue tan grande el cambio que hasta su nombre cambió de Saulo de Tarso, al tener una genuina conversión paso a llamarse el apóstol Pablo.

El reto más grande en esta hora es que vivamos cada día en una experiencia personal, en un encuentro con Él, y no sólo vivamos de las experiencias de otros. Porque si no tenemos nuestra propia experiencia cuando venga sobre nosotros la prueba, nuestra fe y nuestras obras serán como hojarasca que el viento lleva.

Aprendamos a tener nuestra propia experiencia diaria con el Cristo revelado, así nuestra vida estará fundamentada en la Roca de los Siglos y venga la prueba que venga sobre nuestras vidas jamás seremos conmovidos.

Capítulo 7

El misterio de la Iglesia

Y al que puede confirmaros según mi evangelio y la predicación de Jesucristo, según la revelación del misterio que se ha mantenido oculto desde tiempos eternos, pero que ha sido manifestado ahora, y que por las Escrituras de los profetas, según el mandamiento del Dios eterno, se ha dado a conocer a todas las gentes para que obedezcan a la fe.

Romanos 16:25-26

Maravilloso ha sido el misterio escondido, desde los siglos en Dios, dado a conocer a Pablo y por consiguiente a la Iglesia! Este misterio es la verdad revelada del propósito de Dios, de reunir todas, absolutamente todas las cosas en Cristo, no sólo las que están en los cielos, sino también en la tierra, en el cumplimiento del período de los tiempos.

De reunir todas las cosas en Cristo, en la dispensación del cumplimiento de los tiempos, así las que están en los cielos, como las que están en la tierra.

Efesios 1:10

Cuando Pablo se refiere al cumplimiento del tiempo, esto tiene que ver con el momento que Dios había señalado para la venida visible de Jesucristo a este mundo, es decir, cuando la demarcación profética había llegado a su cumplimiento.

Pero cuando vino el cumplimiento del tiempo, Dios envió a su Hijo, nacido de mujer y nacido bajo la ley.

Gálatas 4:4

Pablo en este texto hace mención de tres realidades cumplidas en Cristo, primero que era el Hijo de Dios, segundo que demostró su humanidad al nacer de una mujer y tercero en sujeción a la ley. Para que redimiese a los que estaban bajo la ley, a fin de que recibiésemos la adopción de hijos.

El plan de Dios al enviar a su Hijo era de rescatar a la humanidad del pecado, y de hacer participante a todo hombre y mujer, de toda raza o color, de toda tribu o nación, de la realidad de sus promesas de salvación, perdón y vida eterna.

Siendo justificados gratuitamente por su gracia, mediante la redención que es en Cristo Jesús, a quien Dios puso como propiciación por medio de la fe en su sangre, para manifestar su justicia, a causa de haber pasado por alto, en su paciencia, los pecados pasados, con la mira de manifestar en este tiempo su justicia, a fin de que él sea el justo, y el que justifica al que es de la fe de Jesús.

Romanos 3:24-26

El misterio de Cristo en la esperanza de gloria.

El misterio que había estado oculto desde los siglos y edades, pero que ahora ha sido manifestado a sus santos, a quienes Dios quiso dar a conocer las riquezas de la gloria de este misterio entre los gentiles; que es Cristo en vosotros, la esperanza de gloria.

Colosenses 1:26-27

*Para que sean consolados sus corazones, unidos en amor,
hasta alcanzar todas las riquezas de pleno entendimiento,
a fin de conocer el misterio de Dios el Padre, y de Cristo,
en quien están escondidos todos los tesoros de la sabiduría
y del conocimiento.*

Colosenses 2:2-3

Sin embargo, hablamos sabiduría entre los que han alcanzado madurez; y sabiduría, no de este siglo, ni de los príncipes de este siglo, que perecen.

1 Corintios 2:6

El apóstol Pablo tiene una clara definición en cuanto a estos "misterios" y para ello presenta el evangelio en contraste a ellos. Vemos aquí que los que han alcanzado madurez, son lógicamente los creyentes fieles en Cristo, los únicos que pueden o están capacitados como para recibir y en verdad percibir aquello que es revelado.

Un sacrificio perfecto bajo un nuevo pacto

Pero ahora tanto mejor ministerio es el suyo, cuanto es mediador de un mejor pacto, establecido sobre mejores promesas.

Hebreos 8:6

Es de notar que en el antiguo pacto la salvación y la comunión con Dios, se establecían basadas en la obediencia a la ley, ofreciendo sacrificios de animales. Mas el profeta Jeremías profetizó que en un futuro Dios establecería un nuevo pacto, esto se cumplió por medio de la persona de Jesucristo, ya que su sacrificio fue perfecto, voluntario y obediente, sólo éste perdona totalmente los pecados de todo ser humano que arrepentido acuda a su presencia.

El nuevo pacto es un pacto de promesas para todos aquellos que en fe aceptan a Jesucristo como su Señor y Salvador, sí, sólo Él es el único y verdadero mediador de este nuevo pacto.

Por lo cual, entrando en el mundo dice: Sacrificio y ofrenda no quisiste; mas me preparaste cuerpo. Holocaustos y expiaciones por el pecado no te agradaron. Entonces dije: He aquí que vengo, oh Dios, para hacer tu voluntad, como en el rollo del libro está escrito de mí. Diciendo primero: Sacrificio y ofrenda y holocaustos y expiaciones por el pecado no quisiste, ni te agradaron (las cuales cosas se ofrecen según la ley), y diciendo luego: He aquí que vengo, oh Dios, para hacer tu voluntad; quita lo primero, para establecer esto último. En esa voluntad somos santificados mediante la ofrenda del cuerpo de Jesucristo hecha una vez para siempre.

Hebreos 10: 5-10

Esta cita sacada del Salmo 40:6-8 nos muestra proféticamente la declaración de Jesús. Al ser el primer Pacto insuficiente ante el Padre, Jesús se presenta voluntariamente Él mismo como sacrificio para establecer un Pacto Nuevo y eficaz el cual satisfaría las demandas del pecador ante la presencia de Dios.

Aunque su sacrificio fue determinado antes de la fundación del mundo, aun así se necesitaba como acto importante que el Mesías sometiera su voluntad a lo que estaba determinado.

Ya destinado desde antes de la fundación del mundo, pero manifestado en los postreros tiempos por amor de vosotros.

1 Pedro 1:20

No estaban escritos en el libro de la vida del Cordero que
fue inmolado desde el principio del mundo.

Apocalipsis 13:8

Siendo Jesús el Hijo del Hombre nacido de mujer, tenía a
su disposición el libre albedrío dado a los hombres, por eso la
Escritura sostiene ese diálogo "me preparaste cuerpo", esto
denota su humanidad. Pero también muestra su libre voluntad
interior para cumplir con el mandato divino.

> *Sacrificio y ofrenda no te agrada;*
> *Has abierto mis oídos;*
> *Holocausto y expiación no has demandado.*
> *Entonces dije: He aquí, vengo;*
> *En el rollo del libro está escrito de mí;*
> *El hacer tu voluntad, Dios mío, me ha agradado,*
> *Y tu ley está en medio de mi corazón.*

Salmo 40:6-8

Este salmo hace referencia que a Jesucristo el Hijo amado
le fueron abiertos los oídos para escuchar los deseos del Padre.
Esta "apertura" de conocer o percibir la voluntad de Dios,
también es manifestada al decir que no fue rebelde, esto tiene
que ver con una clara definición en cuanto a su determinación
en someterse al plan y estrategia de Dios.

> *Jehová el Señor me abrió el oído, y yo no fui rebelde, ni me*
> *volví atrás. Di mi cuerpo a los heridores, y mis mejillas a*
> *los que me mesaban la barba; no escondí mi rostro de*
> *injurias y de esputos.*

Isaías 50:5-6

También vemos cómo el Mesías abrió su oído espiritual al
conocer la voluntad de Dios, acto que se revela a través del

Espíritu de Dios al corazón. Jesús no sólo conoció la voluntad de Dios sino que la aceptó y la cumplió en sí mismo, con gozo.

> *Y estando en la condición de hombre, se humilló a sí mismo, haciéndose obediente hasta la muerte, y muerte de cruz.*

Filipenses 2:8

Jesús comprendió y entendió que los sacrificios de animales no satisfacían al corazón de Dios, pudo captar la idea y entender a Dios. Por eso dice: "Vengo para hacer tu voluntad, como está escrito en el rollo".

Este rollo o "el volumen del libro" es el Viejo Testamento, viejo porque ahora se escribiría uno nuevo.

Cuando la voluntad de Jesús se impone, para disponerse a obedecer al Padre eterno, elimina el primero para establecer el segundo. Por eso los redimidos son santificados por su voluntad, por esa ofrenda que fue su cuerpo que Dios le preparó para que se convirtiera en sacrificio vivo y agradable.

De la misma manera Dios está buscando hijos que entiendan con sus oídos espirituales la voluntad perfecta de Dios para sus vidas cada día y estén dispuestos a aceptar el plan de su agenda en esta hora.

> *Así que, hermanos, os ruego por las misericordias de Dios, que presentéis vuestros cuerpos en sacrificio vivo, santo, agradable a Dios, que es vuestro culto racional.*
> *No os conforméis a este siglo, sino transformaos por medio de la renovación de vuestro entendimiento, para que comprobéis cuál sea la buena voluntad de Dios, agradable y perfecta.*

Romanos 12:1-2

El acto de consagración de todo fiel creyente, tiene que ver con esa manera de presentarse ante Él, no debiéndose conformar a este siglo, no aceptando un sistema sin Dios, no se puede aceptar aquello que camine opuesto a su propósito y voluntad, dedicados por completos al reino de Dios, y comprobar a diario que el obedecerle es agradable y acepto ante sus ojos.

Cristo hecho perfecto

Cristo se ofrece en contraste a esos sacrificios ineficaces, para satisfacer perfectamente la "voluntad de Dios" para nuestra redención. Rendir su obediencia a Dios es más aceptado que los sacrificios de animales.

Rendir su obediencia a Dios es más aceptado que los sacrificios de animales.

Esto nos recuerda las palabras del profeta Samuel.

> *Y Samuel dijo: ¿Se complace Jehová tanto en los holocaustos y víctimas, como en que se obedezca a las palabras de Jehová? Ciertamente el obedecer es mejor que los sacrificios, y el prestar atención que la grosura de los carneros.*
>
> 1 Samuel 15:22

Su obediencia fue puesta a prueba en el Getsemaní. Allí Él solo tuvo que decidir si lo escrito en el rollo: "el hacer tu voluntad me agradó", se cumpliría al pie de la letra en esas horas.

Jesús pide ayuda a los discípulos para que oren junto con Él, mas Él solo tiene que tomar la copa amarga. Él se presenta al Padre decididamente para hacer la voluntad perfecta de Dios, determinada para Él en ese momento en que se cumplían las profecías de los antiguos profetas. "Pasa de mí esta copa, pero no sea mi voluntad sino la tuya".

Salvación para todos los humanos

> *Y al que puede confirmaros según mi evangelio y la predicación de Jesucristo, según la revelación del misterio que*

*se ha mantenido oculto desde tiempos eternos, pero que ha
sido manifestado ahora, y que por las Escrituras de los
profetas, según el mandamiento del Dios eterno, se ha dado
a conocer a todas las gentes para que obedezcan a la fe.*

Romanos 16:25-26

Esta expresión se refiere a los designios de Dios sobre la
salvación de todos los seres humanos, cumpliéndose de esta
manera, que Él vino a buscar y salvar a todo aquello que se
había perdido.

El misterio de la salvación está directamente relacionado
con la persona, ministerio y testimonio vivo de Jesucristo.

Esta palabra salvación viene de la raíz griega, *soteria,* que
significa: Liberación, pasar con seguridad, protección de daño
y preservación.

Este término utilizado en el Nuevo Testamento tiene que
ver con lo siguiente:

1. Liberación material y temporal de peligros, libertad,
   salud. Esto significa pasar con seguridad, protección de
   daño.

   En el Antiguo Testamento Dios se reveló como el
   Salvador de su propio pueblo.

*Jehová es mi luz y mi salvación; ¿de quién temeré? Jehová
es la fortaleza de mi vida ¿de quién he de atemorizarme?*

Salmo 27:1

*Oh Jehová, Dios de mi salvación,
Día y noche clamo delante de ti.*

Salmo 88:1

2. Liberación espiritual y eterna concedida inmediata-
   mente por Dios, para todos aquellos que aceptan sus

condiciones de arrepentimiento y fe en el Señor Jesucristo, de quien se puede obtener por medio de una sincera confesión.

Esta Salvación se puede obtener mediante la fe en el Señor Jesucristo, en el fundamento de una confesión sólo en Él, ya que Él es el único camino. Esta salvación, esta basada en su muerte en la cruz y en el derramamiento de su sangre como Cordero de Dios que quita todo pecado.

Esta es la viva experiencia en tiempo presente del poder de Dios bajo cuya autoridad liberta al humano de la esclavitud del pecado, la misma se produce por gracia y voluntad de Dios, siendo la respuesta del humano confesar con sus labios que la salvación sólo se obtiene por Jesucristo.

Porque no me avergüenzo del evangelio, porque es poder de Dios para salvación a todo aquel que cree; al judío primeramente, y también al griego.

Romanos 1:16

En él también vosotros, habiendo oído la palabra de verdad, el evangelio de vuestra salvación, y habiendo creído en él, fuisteis sellados con el Espíritu Santo de la promesa.

Efesios 1:13

Y en ningún otro hay salvación; porque no hay otro nombre bajo el cielo, dado a los hombres, en que podamos ser salvos.

Hechos 4:12

3. Es la experiencia presente del poder de Dios para liberar al hombre de la esclavitud y cautividad del pecado.

Por tanto, amados míos, como siempre habéis obedecido, no como en mi presencia solamente, sino mucho más ahora en mi ausencia, ocupaos en vuestra salvación con temor y temblor.

Filipenses 2:12

Sino con la sangre preciosa de Cristo, como de un cordero sin mancha y sin contaminación.

1 Pedro 1:19

Esta experiencia en la vida de los creyentes es el proceso de santificación.

4. Esta Salvación tiene que ver con el camino que conduce al ser humano por la vida terrenal hasta llegar a la vida eterna más allá en los cielos.
Existen diferentes etapas en el proceso de la salvación:

- *El pasado*, o sea que al ser humano que toma esta sabia decisión, le son perdonados todos sus pecados y pasa de la muerte espiritual a una nueva vida espiritual.
- *El presente* de la salvación, esto tiene que ver con una continua experiencia personal por la cual todo fiel creyente es salvado del dominio del pecado, llenándose del poder del Espíritu Santo, entrando en una relación directa con Dios por medio de Jesucristo, y sometiéndose en obediencia a la Palabra de Dios.
- *El futuro* de la salvación incluye la liberación de la ira venidera. La participación de la gloria de Dios en los cielos. El poder recibir un cuerpo resucitado o transfor-

mado en su resurrección y la corona de la vida eterna junto a los galardones por haber sido fiel.

Pero bienaventurados vuestros ojos, porque ven y vuestros oídos porque oyen. Porque de cierto os digo que muchos profetas y justos desearon ver lo que veis y no lo vieron y oír lo que oís y no lo oyeron.

Mateo 13:16

La inclusión de los gentiles junto con los judíos en la promesa de salvación del Evangelio de Jesucristo es parte del misterio revelado por el Espíritu Santo a los apóstoles, y por consiguiente, a la Iglesia.

Mas hablamos sabiduría de Dios en misterio, la sabiduría oculta, la cual Dios predestinó antes de los siglos para nuestra gloria, la que ninguno de los príncipes de este siglo conoció; porque si la hubieran conocido, nunca habrían crucificado al Señor de gloria.

1 Corintios 2:7-8

Dándonos a conocer el misterio de su voluntad, según su beneplácito, el cual se había propuesto en sí mismo.

Efesios 1:9

La salvación que Dios otorga es un regalo de gracia, pero muchas veces para los hombres esto es un gran misterio, lo cual les resulta imposible de entender. Por esta misma razón es que debemos entender en forma reveladora lo que Dios quiere mostrarnos con respecto a esa vida abundante y eterna que está a disposición de todo aquel que en Él crea.

Sino, como aquel que os llamó es santo, sed también vosotros santos en toda vuestra manera de vivir; porque escrito está: Sed santos, porque yo soy santo. Y si invocáis por Padre a aquel que sin acepción de personas juzga según la obra de cada uno, conducíos en temor todo el tiempo de vuestra peregrinación.

1 Pedro 1:15-17

Por medio de Jesucristo, los creyentes son perdonados, transformados, justificados y además de eso santificados, esto último tiene que ver con el término "separados para Dios", esto es poner aparte para Dios, o sea separación del mundo en su conducta y estilo de vida reconociendo el Señorío de Cristo.

La santificación es el estado predeterminado por Dios para los creyentes, es la relación con Dios en la que entran los hombres por la fe en Jesucristo. Esta palabra santificación viene de la raíz griega *hagiasmos* que significa hacer santo, consagrar, separar del mundo y apartar del pecado para tener una íntima y estrecha relación de comunión con Dios sirviéndole con profundo gozo cada día.

Es responsabilidad del creyente buscarla constantemente, basando esta verdad en el principio de que el carácter santo, viene de la raíz griega *jagiosume*, no es vicario, esto es que no puede ser transferido, sino que es una posesión individual, edificada, como un resultado basado en la obediencia a la Palabra de Dios. Esto es un acto definitivo mediante el cual el creyente por medio de la gracia de Jesucristo queda libre de la esclavitud de Satanás y se aparta del todo del pecado con el propósito de rendirse y vivir para Dios.

Por lo tanto, la santificación es el estado en que Dios quiere que sus hijos vivan cada día, esto tiene que ver con una rectitud moral, obediencia y fidelidad sólo a Él.

Consciente de esta gran verdad el creyente se presenta ante Dios cada día para agradarle y obedecerle, recibiendo continuamente una mayor llenura del Espíritu Santo, quien lo capacita para llevar una vida en victoria, poder, autoridad y santidad.

Capítulo 8

El misterio del arrebatamiento de la Iglesia

He aquí, os digo un misterio: No todos dormiremos; pero todos seremos transformados, en un momento, en un abrir y cerrar de ojos, a la final trompeta; porque se tocará la trompeta, y los muertos serán resucitados incorruptibles, y nosotros seremos transformados.

1 Corintios 15:51-52

Porque si creemos que Jesús murió y resucitó, así también traerá Dios con Jesús a los que durmieron en él. Por lo cual os decimos esto en palabra del Señor: que nosotros que vivimos, que habremos quedado hasta la venida del Señor, no precederemos a los que durmieron. Porque el Señor mismo con voz de mando, con voz de arcángel, y con trompeta de Dios, descenderá del cielo; y los muertos en Cristo resucitarán primero. Luego nosotros los que vivimos, los que hayamos quedado, seremos arrebatados juntamente con ellos en las nubes para recibir al Señor en el aire, y así estaremos siempre con el Señor.

1 Tesalonicenses 4:14-17

El arrebatamiento es la súbita traslación a la misma presencia de Jesucristo en los aires de todos aquellos que forman parte de la iglesia de Jesucristo y son lavados en su sangre, aquellos que estén vivos en la tierra y oigan el sonar de la trompeta. Así también de los muertos que resucitarán al mismo tiempo, para juntos encontrarse con Él en las nubes.

La palabra "arrebatar" viene de la raíz griega *arpazo*, este verbo comunica que se ejerce una fuerza de una manera súbita, tiene que ver en el sentido de tomar por la fuerza. También se utiliza la misma palabra de la raíz griega para apoderarse, esto tiene que ver con asir, echar mano, prender, socorrer, sorprender, y especialmente tomar.

En la lengua castellana la acción de arrebatar significa llevar tras sí o consigo con fuerza irresistible

La Escritura menciona la palabra arrebatamiento, lo que llamamos y conocemos como "el rapto de la Iglesia".

Es verdad que esta palabra no la encontramos como tal en la Biblia, esta es la razón por la que muchos dicen que el rapto es una invención propia de ciertos fanáticos cristianos, por cuanto no está mencionada en ningún texto bíblico. Pero sí se debe entender que cuando se menciona el rapto tiene que ver con la forma tan rápida, inesperada y sorpresiva en que se producirá este evento sobrenatural que la Iglesia aguarda.

En un momento, en un abrir y cerrar de ojos, a la final trompeta, porque se tocará la trompeta, y los muertos serán resucitados incorruptibles, y nosotros seremos transformados.

1 Corintios 15:52

Lo importante es que el arrebatamiento conlleva en sí un mensaje relevante que debemos de proclamar abiertamente, sin duda ni temor, porque este es el gran evento que experimentará la Iglesia de Jesucristo y esto está claramente demostrado y enseñado en las Sagradas Escrituras.

Sencillamente porque tal palabra no aparezca no significa que no sea una enseñanza verídica y bíblica. Y aunque la expresión rapto no aparezca en la Biblia, esto nunca dejará de ser un fundamento de esperanza sólida que mantiene a la Iglesia en expectación y confianza.

Es de notar que la palabra "trinidad" como tal no la leemos en ningún texto bíblico, pero no por eso, vamos a dejar de creer en Dios Padre, Dios Hijo y Dios Espíritu Santo, cuando esta enseñanza está fielmente demostrada por la revelación de la Palabra de Dios, desde el principio de la creación y a través de todo el contenido de la Biblia.

Porque tres son los que dan testimonio en el cielo: El Padre, El Verbo y el Espíritu Santo; y estos tres son uno.

1 Juan 5:7

El pasaje de 1 Corintios describe "el arrebatamiento" o "rapto", en forma clara y determinante.

He aquí, os digo un misterio: No todos dormiremos; pero todos seremos transformados.

1 Corintios 15:51

El misterio que Pablo menciona es la gran verdad, que cuando Jesucristo regrese desde el cielo en busca de su Iglesia para llevarla al reino celestial, los creyentes fieles que estén vivos para ese entonces experimentarán sobrenatural y poderosamente al instante una transformación del cuerpo, de tal manera que a partir de allí serán inmortales.

Es lamentable ver a miles de creyentes en esta hora que han dejado de poner su mirada y sus metas en las cosas de arriba, las celestiales, sus esperanzas y confianza las han puesto en las cosas de este mundo y han perdido la motivación por algo mejor y superior, lo cual es la morada celestial.

Aunque debe reconocerse también que hay millones de creyentes fieles que están mirando las cosas de arriba, puestos los ojos en el Autor y Consumador de la fe sin dejar que nada de este mundo los manipule ni los controle, y que estamos dispuestos a exclamar unidos al Espíritu Santo: "Amén; sí, ven Señor Jesús".

Hay algo que Pablo también enfatiza en el versículo 51 del capítulo 15 de Corintios, "no todos dormiremos", él está hablando en plural y a la misma vez se incluía a sí mismo. En verdad Pablo mantenía la perspectiva y expectación de que Jesucristo podía venir por sus fieles en aquella generación.

Y aun cuando Cristo no volvió en esa generación como Pablo anhelaba, este siervo de Dios con todo y esto no estaba equivocado, ni decía nada extraño al manifestarlo. Porque él mismo entendía que Cristo podría venir en cualquier hora del día, o sea en cualquier momento.

Absolutamente todos los que esperan ser parte del gran evento llamado arrebatamiento o rapto como lo conocemos, compartimos el mismo punto de vista e inspiración del apóstol Pablo. Las palabras, enseñanzas y revelaciones proféticas en todo el Nuevo Testamento nos advierten a cada fiel creyente para creer y entender que estamos viviendo en los últimos días, y esto nos hace vivir con la esperanza de que Cristo pudiera venir a buscarnos ahora mismo.

La Biblia nos enseña por lo menos tres razones por las cuales es necesaria la resurrección del cuerpo.

1. El cuerpo es parte esencial de la personalidad humana, los seres humanos quedan incompletos sin cuerpo, este es el gran milagro que Jesucristo por medio de la obra de la redención realizó para toda persona que cree en Él, incluyendo el cuerpo.

Pues tengo por cierto que las aflicciones del tiempo presente no son comparables con la gloria venidera que en nosotros ha de manifestarse. Porque el anhelo ardiente de la creación es el aguardar la manifestación de los hijos de Dios. Porque la creación fue sujetada a vanidad, no por su propia voluntad, sino por causa del que la sujetó en esperanza; porque también la creación misma será libertada de la esclavitud de corrupción, a la libertad gloriosa de los hijos de Dios. Porque sabemos que toda la creación gime a una, y a una está con dolores de parto hasta ahora; y no sólo ella, sino que también nosotros mismos, que tenemos las primicias del Espíritu, nosotros también gemimos dentro de nosotros mismos, esperando la adopción, la redención de nuestro cuerpo.

Romanos 8:18-23

2. El cuerpo es el templo del Santo Espíritu, y llegará a ser templo del espíritu en la resurrección.

¿O ignoráis que vuestro cuerpo es templo del Espíritu Santo, el cual está en vosotros, el cual tenéis de Dios, y que no sois vuestros? Porque habéis sido comprados por precio; glorificad, pues, a Dios en vuestro cuerpo y en vuestro espíritu, los cuales son de Dios.

1 Corintios 6:19-20

3. Porque a través de esto el enemigo final de la humanidad, la muerte del cuerpo, será vencido para siempre mediante la resurrección.

Y el postrer enemigo que será destruido es la muerte.

1 Corintios 15:26

Es de notar que la resurrección del cuerpo, esta plenamente garantizada porque Jesucristo fue primogénito de los que habían de resucitar, esto nos muestra que si Él fue el primero habría muchos después que también experimentarían esto.

Pero si se predica de Cristo que resucitó de los muertos, ¿cómo dicen algunos entre vosotros que no hay resurrección de muertos? Porque si no hay resurrección de muertos, tampoco Cristo resucitó. Y si Cristo no resucitó, vana es entonces nuestra predicación, vana es también vuestra fe.... Mas ahora Cristo ha resucitado de los muertos; primicias de los que durmieron es hecho.

Porque por cuanto la muerte entró por un hombre, también por un hombre la resurrección de los muertos. Porque así como en Adán todos mueren, también en Cristo todos serán vivificados. Pero cada uno en su debido orden: Cristo, las primicias; luego los que son de Cristo, en su venida.

1 Corintios 15:12-14, 20-23

La resurrección de Jesucristo, fue prueba tangible y real de la seguridad que se proyecta sobre el creyente acerca de su herencia futura, y de su resurrección o transformación cuando se produzca el arrebatamiento.

Esta transformación debe llevarse a cabo, porque ni carne, ni sangre heredarán el cielo.

Pero esto digo, hermanos: que la carne y la sangre no pueden heredar el reino de Dios, ni la corrupción hereda la incorrupción. He aquí, os digo un misterio: No todos dormiremos; pero todos seremos transformados,

1 Corintios 15:50-51

Esto entonces nos declara que el cuerpo resucitado del creyente o transformado será igual que el cuerpo de nuestro Señor, miremos lo que Dios establece finalmente:

- El cuerpo resucitado o transformado será acondicionado o adaptado para la eternidad, para el cielo, y aun para el nuevo cielo y la nueva tierra.

- Tendrá continuidad e identidad y por lo tanto será reconocible.
- Estará libre de enfermedad, debilidad, dolor, descomposición y muerte, ya que el cuerpo será revestido de inmortalidad.
- Será espiritual no natural, o sea para entenderlo mejor no estará limitado por las leyes de la naturaleza.

En esta victoria final la Biblia indica que se lograrán tres propósitos:

a. Para que los creyentes lleguen a ser todo lo que Dios estableció en la creación del hombre, vida eterna con Él, ya que por la consecuencia del pecado esto fue cancelado, pero por medio de Jesucristo fue reconquistado.

b. Para que conozcamos a Dios a plenitud, o sea en manera completa, como sólo el desea que le conozcamos.

Y esta es la vida eterna: que te conozcan a ti, el único Dios verdadero, y a Jesucristo, a quien has enviado.

Juan 17:3

c. Para que podamos contemplar todo aquello que Dios ha preparado.

Para mostrar en los siglos venideros las abundantes riquezas de su gracia en su bondad para con nosotros en Cristo Jesús.

Efesios 2:7

Por lo tanto, en los textos que he mencionado con respecto al arrebatamiento, este es el evento que tendrá lugar en el tiempo señalado dentro de la soberanía de Dios, donde aquellos que son parte de la Iglesia de Jesucristo, serán levantados de la tierra para encontrarse con el Señor en el aire.

Esto es en detalle lo que ocurrirá en el mismo momento del arrebatamiento:

- En el mismo momento que precede al arrebatamiento o rapto, cuando el Señor esté descendiendo, se producirá la resurrección de los muertos en Cristo.

  Simultáneamente mientras esto ocurre, los creyentes fieles serán transformados, o sea sus cuerpos cambiados y revestidos de inmortalidad. El tiempo que se tomará para que esto suceda, será sólo como un abrir y cerrar de ojos.

- Los muertos en Cristo resucitados y los creyentes en vida transformados, serán levantados para reunirse junto a Cristo en el aire, esto significa que para esta ocasión Cristo no descenderá, sino que su Iglesia se encontrará con Él en las alturas.

Por lo cual os decimos esto en palabra del Señor: que nosotros que vivimos, que habremos quedado hasta la venida del Señor, no precederemos a los que durmieron. Porque el Señor mismo con voz de mando, con voz de arcángel, y con trompeta de Dios, descenderá del cielo; y los muertos en Cristo resucitarán primero.

Luego nosotros los que vivimos, los que hayamos quedado, seremos arrebatados juntamente con ellos en las nubes para recibir al Señor en el aire, y así estaremos siempre con el Señor.

1 Tesalonicenses 4:15-17

- La Iglesia será unida con Cristo, y ambos entrarán en la casa del Padre, en el cielo eterno, morada del Dios de gloria. Este gran evento apartará para siempre a la iglesia de todo sufrimiento, dolor y desesperación, de todo dominio del pecado, de Satanás y aun de la misma muerte, lo que significa que la Iglesia será librada de la ira venidera, o sea de la gran tribulación.

Y esperar de los cielos a su Hijo, al cual resucitó de los muertos, a Jesús, quien nos libra de la ira venidera.

1 Tesalonicenses 1:10

Porque no nos ha puesto Dios para ira, sino para alcanzar salvación por medio de nuestro Señor Jesucristo, quien murió por nosotros para que ya sea que velemos, o que durmamos, vivamos juntamente con él.

1 Tesalonicenses 5:9

La esperanza del evento del arrebatamiento es una gloriosa esperanza para todo fiel creyente, al entender que Dios en ese gran misterio del arrebatamiento ha planificado librarnos de la ira.

En la Biblia Dios ha dado evidencias en las que queda demostrado que en el período más angustioso que la humanidad experimentará, la Iglesia será librada. La razón es que ese período angustioso y desesperante no es para la Iglesia.

Por lo cual es menester que distingamos en el término profético muy claramente, entre la iglesia, Israel y el mundo, de lo contrario te verás confrontado por serios dilemas y confusión, para discernir y entender el plan de Dios para cada uno.

Buscar a Dios en espíritu y verdad

Los verdaderos creyentes son aquellos que han tenido un encuentro con la santidad de Dios, no viviendo en el pecado, ni en tinieblas, ellos verán el brillar de un nuevo día que precederá a la noche. La noche demarcada en el programa de Dios para este mundo, llamada la ira.

Velad, pues, en todo tiempo orando que seáis tenidos por dignos de escapar de todas estas cosas que vendrán, y de estar en pie delante del Hijo del Hombre.

Lucas 21:36

La gran verdad bíblica nos declara lo siguiente con relación a todo esto.

Mas vosotros, hermanos, no estáis en tinieblas, para que aquel día os sorprenda como ladrón. Porque todos vosotros sois hijos de luz e hijos del día; no somos de la noche ni de las tinieblas.

1 Tesalonicenses 5:4-5

La gloriosa esperanza del arrebatamiento de la Iglesia es la gran verdad revelada produciendo fortaleza, ánimo y aliento cada día.

Nadie puede predecir el día y la hora

Bajo ningún concepto esto debe servir a las intenciones de aquellos que procuran erróneamente establecer cálculos o especulaciones concernientes al día y la hora.

La esperanza del evento del arrebatamiento es una gloriosa esperanza para todo fiel creyente, al entender que Dios en ese gran misterio del arrebatamiento, ha planificado librarnos de la ira.

Lo importante que la Iglesia debe saber mediante la revelación del tiempo presente es que el día del Señor vendrá, y lo grande de esto es la sorpresa, por lo cual debemos estar despiertos, en estado de alerta y preparados para ese momento.

Hay algunas preguntas que quiero contestar referentes al arrebatamiento o rapto, de acuerdo a lo que hasta aquí he compartido y son las siguientes:

1. ¿Qué es en realidad el arrebatamiento de la Iglesia?

2. ¿Por qué es decisivo que el arrebatamiento se produzca antes de la gran tribulación?

3. ¿De qué forma se producirá el arrebatamiento?

4. ¿Quiénes serán los que participaran en el arrebatamiento?

5. ¿En qué momento exacto se llevará a cabo el arrebatamiento?

6. ¿Es necesario que nos preparemos para el arrebatamiento?

Vamos a dar respuesta a las preguntas.

1. ¿Qué es en realidad el arrebatamiento o rapto de la Iglesia?

Esta gran promesa comienza en el mismo momento en que Jesús resucita de entre lo muertos. Más tarde les da la promesa a sus discípulos en el monte de los Olivos antes de ser levantado al cielo en una nube en gloria.

Si Jesucristo fue primicia de los que habían de resucitar, también al ser levantado era primicia de los que en un futuro serían levantados.

Cristo es la cabeza de la Iglesia y la Iglesia a su vez es su cuerpo, donde está la cabeza allí también debe estar el cuerpo.

O sea que el arrebatamiento producirá el gran milagro de Cristo y su Iglesia unidos para siempre por la eternidad.

Jesús al interceder a su Padre, clamó con gran intensidad diciendo:

Padre, aquellos que me has dado, quiero que donde yo estoy, también ellos estén conmigo, para que vean mi gloria que me has dado; porque me has amado desde antes de la fundación del mundo.

Juan 17:24

En el día del arrebatamiento, el Padre, dará por contestada esta petición de su amado Hijo.

El Señor también declaró a sus discípulos esta gran verdad anhelando que un día sus discípulos estuvieran junto con Él.

En la casa de mi Padre muchas moradas hay; si así no fuera, yo os lo hubiera dicho; voy, pues, a preparar lugar para vosotros. Y si me fuere y os preparare lugar, vendré otra vez, y os tomaré a mí mismo, para que donde yo estoy, vosotros también estéis.

Juan 14:2-3

El arrebatamiento es la transformación a la imagen de aquel que fue transformado antes que nosotros, es allí donde seremos semejantes a Él y le veremos tal como es Él.

Amados, ahora somos hijos de Dios, y aún no se ha manifestado lo que hemos de ser; pero sabemos que cuando él se manifieste, seremos semejantes a él, porque le veremos tal como él es. Y todo aquel que tiene esta esperanza en él, se purifica a sí mismo, así como él es puro.

1 Juan 3:2-3

Este glorioso evento es parte del programa profético de Dios, por lo cual quieran o no aceptarlo los humanos, por encima de todo, esto se cumplirá y no habrá nadie, que lo pueda impedir.

2. *¿Por qué es decisivo que el arrebatamiento se produzca antes de la gran tribulación?*
Jesús dijo con relación a su Iglesia lo siguiente:

Vosotros sois la sal de la tierra; pero si la sal se desvaneciera, ¿con que será salada? No sirve más para nada, sino para ser echada fuera y hollada por los hombres.

Mateo 5:13

Es de entender que la sal es esencial, ésta da sabor y a la vez preserva los alimentos, o sea que los protege de que se

112

echen a perder o se corroan. La sal siempre ha tenido cualidades purificadoras y a la vez antisépticas. En las naciones de oriente la sal vino a ser símbolo de fidelidad y amistad.

Mientras haya luz, es imposible que las tinieblas alcancen su plenitud.

Del mismo modo la Biblia nos enseña que la sal es un símbolo del pacto entre Dios y su pueblo, esto lo podemos leer en la Palabra.

¿No sabéis vosotros que Jehová Dios de Israel dio el reino a David sobre Israel para siempre, a él y a sus hijos, bajo pacto de sal?

2 Crónicas 13:5

En las enseñanzas dadas por el mismo Señor Jesucristo, es figura de aquella salud y de aquel vigor espiritual esencial para la vida cristiana y para contrarrestar toda corriente de corrupción que se encuentra en este mundo.

El Señor comparó a la Iglesia, en su carácter y condición, con la sal, ya que esto es lo que impide que la plenitud del pecado llegue a su clímax. Es lo que resiste con el poder del Espíritu Santo la total degradación moral y la corrupción de la sociedad de nuestros días actuales.

Jesús continuó diciendo con respecto a la Iglesia:

Vosotros sois la luz del mundo, una ciudad asentada sobre un monte no se puede esconder. Ni se enciende una luz y se pone debajo de un almud, sino sobre el candelero, y alumbra a todos los que están en casa. Así alumbre vuestra luz delante de los hombres, para que vean vuestras buenas obras, y glorifiquen a vuestro Padre que está en los cielos.

Mateo 5:14-16

Mientras haya luz, es imposible que las tinieblas alcancen su plenitud, cuando uno entra a una habitación y enciende el interruptor de la luz, toda la habitación se ilumina, quien hizo desaparecer la oscuridad fue la luz, lo que esto significa que siempre la luz se impone con mayor fuerza e intensidad disipando la oscuridad.

Si como Iglesia somos fieles responsables ante la encomienda que nos ha sido delegada, estaremos funcionando como luz, alumbrando por medio del poder del Espíritu Santo, y los ojos de millones de personas serán abiertos y comprenderán en esta hora la grandeza del Cristo resucitado.

La luz es una emanación luminosa, lo que posibilita a los ojos discernir la forma y color de los objetos, o sea que la luz necesita y exige un órgano apto para recibirla, en este caso son los ojos.

Cuando no hay ojos o cuando por alguna razón la vista ha sido afectada o impedida por alguna causa determinada, la luz no tiene utilidad.

Esto nos indica que el hombre natural es incapaz de percibir la luz espiritual, por cuanto carece de la capacidad para discernir lo espiritual.

Por esta razón los creyentes en Cristo reciben el nombre de hijos de luz, no sólo por haber recibido revelación de Dios, sino que además por medio del nuevo nacimiento han recibido la capacidad espiritual para ella.

Jesucristo mismo declaró que no se puede esconder la luz, lo que quiero transmitir es que mientras haya un rayo de luz, nunca las tinieblas podrán alcanzar la plenitud total. Esto nos revela que para Satanás operar y llevar a cabo sus planes en el tiempo final, la luz tiene que desaparecer. Cuando esto se produzca, las tinieblas, es decir, la oscuridad de la noche espiritual alcanzará su clímax máximo sobre la humanidad.

El arrebatamiento de la iglesia es necesario para que las tinieblas de la noche den lugar a la aparición del terrible personaje llamado el Anticristo, quien recién entonces podrá tomar el control absoluto y total del mundo, no antes que la luz sea quitada de en medio.

El misterio de iniquidad jamás podrá llevar a cabo su plan y su obra de tinieblas completamente mientras haya luz presente en la tierra.

De acuerdo con este punto nos debemos dar cuenta de que es una necesidad que la Iglesia sea quitada de en medio, para que lo que ha de manifestarse se lleve a cabo de acuerdo a la Palabra de Dios.

Es necesario también que se produzca el arrebatamiento para que se cumpla el programa profético que indica que Satanás el acusador será expulsado de las esferas celestes, así lo establece la profecía.

Entonces oí una gran voz en el cielo, que decía: Ahora ha venido la salvación, el poder, y el reino de nuestro Dios, y la autoridad de su Cristo; porque ha sido lanzado fuera el acusador de nuestros hermanos, el que los acusaba delante de nuestro Dios día y noche. Y ellos le han vencido por medio de la sangre del Cordero y de la palabra del testimonio de ellos, y menospreciaron sus vidas hasta la muerte. Por lo cual alegraos, cielos, y los que moráis en ellos. ¡Ay de los moradores de la tierra y del mar! porque el diablo ha descendido a vosotros con gran ira, sabiendo que tiene poco tiempo.

Apocalipsis. 12:10-12

La Biblia establece en estos textos que ha sido lanzado fuera el acusador, a quien en verdad acusa no es al mundo, ni al pecador, ni siquiera a Israel, sino a los redimidos, a los fieles creyentes de Cristo, aquellos que fueron redimidos del pecado, de sus artimañas y de su culpabilidad.

Vemos que antes del arrebatamiento estábamos siendo expuestos a ser acusados, aunque no hay por qué preocuparse pues tenemos al abogado y mediador eterno en los cielos, quien es nuestro único sumo sacerdote, al cual damos toda la gloria y honra.

Esta expulsión también es necesaria porque la Iglesia ha sido arrebatada y se encuentra en el cielo y Satanás ha perdido su trabajo para siempre, ya que no tiene a nadie a quien acusar.

El misterio de iniquidad jamás podrá llevar a cabo su plan y su obra de tinieblas completamente mientras haya luz presente en la tierra.

Mas cuando la Iglesia se encuentre en las bodas del Cordero, Satanás perderá para siempre su tarea de acusador y es allí donde se cumple esta gran verdad.

Y ellos le han vencido por medio de la sangre del Cordero y de la palabra del testimonio de ellos, y menospreciaron sus vidas hasta la muerte.

Apocalipsis 12:11

Una de las realidades en cuanto a este misterio del arrebatamiento es que esto acontecerá a fin de que la Palabra de Dios se cumpla totalmente, así lo declara el texto siguiente:

Y cuando esto corruptible se haya vestido de incorrupción, y esto mortal se haya vestido de inmortalidad, entonces se cumplirá la palabra que está escrita: Sorbida es la muerte en victoria.

1 Corintios 15:54

El arrebatamiento o rapto se debe producir para que se cumpla lo siguiente:

¿O no sabéis que los santos han de juzgar al mundo?

1 Corintios 6:2

Esto confirma que la Iglesia está llamada y destinada a un propósito específico en Dios; a reinar en el mundo por venir, durante el reino milenial de Cristo en la tierra.

Por lo tanto, imposible poder juzgar al mundo en una naturaleza llena de imperfecciones y limitaciones, para ello debemos ser perfeccionados, de lo contrario, será imposible establecer la justicia divina.

Todo esto nos confirma que al ser arrebatada la Iglesia, ésta será perfeccionada, ya que lo corruptible se viste de incorruptibilidad.

Es de destacar que si bien la Iglesia hace todo el mayor esfuerzo bajo la unción del Espíritu Santo, por expandir el reino de Dios en las naciones bajo el poder y autoridad de lo alto, con todo y esto es imposible que se pueda llegar a pensar que existe una corriente de enseñanza, que menciona el reino de Dios ahora, sin la experiencia del arrebatamiento o rapto.

Entiéndelo bien, muchos hoy en día creen que la Iglesia está en la tierra para preparar el reino milenial de Cristo en este mundo y que, por lo tanto, no se producirá ningún arrebatamiento, sino que la Iglesia recibe a Cristo en la tierra.

Quiero dejar bien claro que creo en el reino de Dios, en su expansión, en su conquista, en su bendición, en su poder y autoridad, proclamando las verdades eternas a las naciones, pero bajo ningún concepto puedo admitir que la Iglesia quede ajena de experimentar esa esperanza de gloria que es el rapto o arrebatamiento.

Es más, el hecho de que Cristo venga a establecer su reino milenial en la tierra será exclusivamente una intervención sobrenatural de Dios, por medio de la Segunda Venida visible de Jesucristo a la tierra.

3. *¿De qué forma se producirá el arrebatamiento?*

En un momento, en un abrir y cerrar de ojos, a la final trompeta.

1 Corintios 15:52

117

La palabra "momento" viene de la raíz griega *átomos*, esto tiene que ver con intacto, indivisible, no seccionado, infinitamente pequeño. Cuando se una, con referencia al tiempo, ella representará una unidad de tiempo extremadamente corta, un destello, un instante, una unidad de tiempo que no se puede dividir.

Un segundo puede ser calibrado a un décimo, un centésimo, un milésimo de un segundo. Se llevará a cabo en un abrir y cerrar de ojos, instantáneamente, de repente, inesperadamente, sin ningún aviso previo, ni tiempo para que las personas se preparen para el mismo.

Es importante que podamos discernir la diferencia entre Israel y la Iglesia.

- La Iglesia de Jesucristo será arrebatada en forma vertical de la tierra al cielo, para estar para siempre con su Señor.
- El pueblo de Israel será recogido en forma horizontal, de todos los lugares de la tierra, y congregado en la tierra que Dios le dio por herencia desde tiempos antiguos.

Es evidente notar que el mismo Señor recogerá a su amada Iglesia, Él en forma personal se encontrará con ella en el aire.

Seremos arrebatados juntamente con ellos en las nubes para recibir al Señor en el aire, y así estaremos siempre con el Señor.

1 Tesalonicenses 5:17

Cuando esté a punto de producirse el arrebatamiento o rapto de la Iglesia, hará tres anuncio que se escucharán, primero, un grito o sonido fuerte, comparado con una voz de mando, segundo, voz de arcángel y tercero, trompeta de Dios, que se unirán a una sola llamada.

La Biblia hace referencia a la trompeta de Dios, no debemos confundir este sonido con el sonar de la trompeta de la guerra, ni de los ángeles, ni de los juicios, este sonido es diferente a todas las demás trompetas.

Hazte dos trompetas de plata; de obra de martillo las harás, las cuales te servirán para convocar la congregación.

Números 10:2

Y cuando las tocaren, toda la congregación se reunirá ante ti a la puerta del tabernáculo de reunión.

Números 10:3

No existe evidencia de que el sonido de la trompeta fuera escuchada por nadie más sino solamente por los que se encontraban en el campamento. Era una llamada de reunión para salir cada uno de su tienda y reunirse todos juntos frente al tabernáculo.

Algo muy significativo que quiero resaltar es que el sonido fue escuchado sólo por el pueblo que estaba en el campamento; lo mismo sucederá en el momento del arrebatamiento, únicamente aquellos que estén preparados y apercibidos escucharán el sonido de la trompeta de Dios.

La Iglesia debe estar lista siempre espiritualmente, porque el Señor vendrá por ella en un momento o tiempo indeterminado y a la vez inesperado.

La última trompeta de Dios no será notada ni escuchada por el mundo, sino sólo por los que tienen un oído espiritual interno, los que oyen diariamente la voz de su Señor.

Es de notar, por lo tanto, que esta última trompeta de Dios no será oída ni percibida por el mundo, sino por aquellos que tienen el oído agudizado y sensible para oírla.

El objetivo del sonar de la trompeta es para dar la señal de que el Rey se levanta de su trono para recoger a su amada, también es el sonido de la señal para reunir a su pueblo y llevarlo al lugar celestial de su eterna morada.

El mismo Señor descenderá del cielo con un grito de victoria. Él volverá triunfante y con toda gloria y poder su grito se hará oír con toda autoridad siendo así que los mismos muertos en el sepulcro oirán su voz y serán levantados. Su grito despertará a los que duermen. El grito es de victoria y el sonido de trompeta es para la reunión de los santos.

4. *¿Quiénes serán los que participaran en el arrebatamiento?*

Quienes participaran del arrebatamiento o rapto serán todos los creyentes nacidos de nuevo, lavados en la Sangre de Jesús, aquellos que se han mantenido en fidelidad y obediencia a Dios y su Palabra revelada.

5. *¿En qué momento exacto se llevará a cabo el arrebatamiento?*

Con referencia a esto es menester resaltar que todo intento por determinar hora, día, mes y año cuando esto se producirá es totalmente antibíblico e incorrecto.

A través de los tiempos, tanto en el pasado, como en este tiempo presente, son muchos los que de alguna manera han querido determinar el momento exacto cuando esto acontecerá, al hacerlo se cae en el fracaso y se es llevado por la confusión.

Sólo nos resta creer que Él vendrá por su Iglesia, y que el arrebatamiento se producirá, debemos mantenernos como siervos fieles de acuerdo a lo que el mismo Señor declara por medio de su Palabra.

Vosotros, pues, también, estad preparados, porque a la hora que no penséis, el Hijo del hombre vendrá.

Lucas 12:40

La Iglesia debe estar lista siempre espiritualmente, porque el Señor vendrá por ella en un momento o tiempo indeterminado y a la vez inesperado. Esto nos muestra que el elemento sorpresa es lo que distingue este gran evento. Todo esto nos indica que no hay manera de calcular la fecha exacta, muchos son los que han hecho daño al intentar establecer de alguna u otra manera una fecha precisa de tal acontecimiento.

Velad, pues, porque no sabéis a qué hora ha de venir vuestro Señor.

Mateo 24:42

La advertencia del mismo Señor Jesucristo, dada a sus discípulos y por consiguiente a su iglesia es que deben estar preparados.

Él establece con claridad que su venida por su Iglesia será en un momento inesperado y sin previa advertencia, esto afirma que no sólo ellos desconocen la hora, sino que Él volverá en un momento cuando muchos no lo esperan.

Al ver con precisión estos detalles nos dan a entender que todo esto se llevará a cabo en forma sorpresiva.

Por lo tanto, también vosotros estad preparados; porque el Hijo del Hombre vendrá a la hora que no pensáis.

Mateo 24:44

En tiempos de apatía, indiferencia, conformismo y descuido, es donde el Señor aparecerá inesperadamente, la Iglesia será raptada o arrebatada para recibirle en el aire, mientras muchos serán dejados atrás.

La realidad de tal evento nos lleva a ser responsables, viviendo en una actitud tal como Él lo ha determinado, velando y orando, mientras somos conscientes de su regreso con la gran expectativa del arrebatamiento, sus fieles creyentes debemos servirle con integridad y sinceridad.

A través de la historia de la cristiandad, muchos fueron los que de forma diversa han intentado equivocadamente establecer cuándo el Señor volverá, y la ignorancia de todos estos esfuerzos les ha llevado a determinar orgullosamente el tiempo según ellos han creído de la venida de Jesús.

Aquellos que lo han hecho e intentan seguir haciéndolo se han olvidado de que Jesús declaró en forma explícita que nadie sabe, sino sólo mi Padre que está en los cielos. Inclusive algunos han dicho que es cierto que no pueden saber el día ni la hora, pero sí determinar el mes y año, y esto es también totalmente erróneo.

Nadie, absolutamente nadie puede saber, ni declarar con seguridad el año ni la década establecida, nada de esto es ni será correcto.

Jesús estableció este principio: "Velad", este es el gran desafío que tenemos por delante, esto nos hace que estemos anhelando cada día el momento del arrebatamiento.

La responsabilidad de todo fiel creyente es ésta: estar consecuentemente preparado en todo momento y a la vez ser instrumento de Dios para expandir su mensaje a las naciones entre tanto que Él viene.

Es decisivo que estemos ocupados en los negocios de nuestro Padre celestial, viviendo en estado de expectativa, reprendiendo toda clase de cálculos especulativos, en cuanto a fechas determinadas.

Sólo nos resta trabajar mientras el día dura, porque la noche viene en que nadie podrá trabajar.

6. *¿Es necesario que nos preparemos para el arrebatamiento?*

Así es, Jesucristo mismo nos enseña a estar preparados dándonos como ejemplo la parábola de las diez vírgenes y las bodas, en la que aquellos que no están preparados no pueden participar. Y a la vez nos habla de la responsabilidad que debemos mantener en una búsqueda continua de su presencia. La parábola nos habla de diez vírgenes que esperaban las bodas, cinco eran prudentes y cinco insensatas.

La palabra "prudencia" en el original griego es *fronesis* lo cual significa tener entendimiento, una sabiduría práctica, y también prudencia en la conducción de asuntos importantes.

También encontramos una segunda palabra que es utilizada para explicar prudencia que es *sunesis*, ésta tiene que ver con inteligencia y conocimiento, así como dominio propio, templado o sobrio. Una forma de pensar con cordura.

Debemos prepararnos para el arrebatamiento habiendo experimentado el genuino y nuevo nacimiento, del cual la Biblia nos habla.

Las vírgenes prudentes estaban apercibidas de que el Señor podría venir en cualquier momento, por eso prepararon sus lámparas con tiempo. Todas cabecearon porque la noche había llegado y el cansancio del día estaba sobre sus cuerpos físicos pero las prudentes o inteligentes, estaban listas, porque tenían aun aceite de reserva en sus vasijas.

El llamado fue sorprendente: "Salid a recibirle" esto fue un llamado para los que deberían estar preparados.

Debemos prepararnos para el arrebatamiento habiendo experimentado el genuino y nuevo nacimiento, del cual la Biblia nos habla. Necesitamos vivir en esta nueva vida que el Señor nos ha impartido, en una actitud de oración diaria. Anhelando día a día ser alimentado y fortalecido por la Palabra de Dios, sabiendo *que no sólo de pan vivirá el hombre, sino de toda palabra que sale de la boca de Dios.*

Estar dispuesto a escuchar, y guardar la palabra de Dios, aplicándola diariamente a nuestra forma y estilo de vida.

Compartir con otros lo que el Señor ha hecho en nuestras vidas, buscar estar unidos a otras personas que estén consagradas y dedicadas al Señor, para ser llevadas a una mayor madurez y crecimiento espiritual. Esta madurez espiritual producirá deseo continuo de amar la verdad revelada de Dios en la vida de sus hijos y esto a la vez les mantendrá libres de toda atadura.

Cuando se va creciendo hay un mayor deseo por alcanzar nuevas metas y objetivos, con el propósito de agradar cada día al Señor que nos ha redimido, por lo que anhelar que Él venga es parte de nuestra relación con Él.

Cuando se vive experimentando a diario todas estas realidades, nos gozaremos al ver el movimiento del cumplimiento profético de los últimos días, creyendo que lo mejor de nuestras vidas no ha estado en el pasado, sino en el futuro que nos aguarda.

Y el Espíritu y la Esposa dicen: Ven. Y el que oye, diga: Ven. Y el que tiene sed, venga; y el que quiera, tome del agua de la vida gratuitamente. Yo testifico a todo aquel que oye las palabras de la profecía de este libro: Si alguno añadiere a estas cosas, Dios traerá sobre él las plagas que están escritas en este libro. Y si alguno quitare de las palabras del libro de esta profecía, Dios quitará su parte del libro de la vida, y de la santa ciudad y de las cosas que están escritas en este libro. El que da testimonio de estas cosas dice: Ciertamente vengo en breve. Amén; sí, ven, Señor Jesús.

Apocalipsis 22:17-20

Tener la seguridad del arrebatamiento, no es un escapismo como muchos pretenden enseñar, sino todo lo contrario, es la mayor esperanza de gloria, que un día estaremos para siempre con nuestro Señor y Rey y no sólo por un tiempo, sino por toda la eternidad, atrévete a creer en este misterio revelado y te aseguro que tú también contemplarás la gloria del cielo.

Capítulo 9

El misterio de la piedad

E indiscutiblemente, grande es el misterio
de la piedad: Dios fue manifestado en carne,
Justificado en el Espíritu,
Visto de los ángeles,
Predicado a los gentiles,
Creído en el mundo,
Recibido arriba en gloria.

1 Timoteo 3:16

El apóstol Pablo, siervo de Jesucristo, ha podido entender en forma reveladora lo que era el gran misterio de la piedad. La Biblia dice que el principio de la sabiduría es el temor a Dios. Algunas veces queremos entender los misterios de Dios y su grandeza con nuestra mente natural, es decir, con el intelecto humano, sin embargo todo ello es inútil.

La manera más contundente de entender y conocer a Dios y su Palabra gloriosa es cuando estamos dispuestos a ser enseñados e instruidos por medio de su revelación divina.

El apóstol Pablo enfatiza el contenido de este gran misterio, el cual es uno de los tantos secretos de Dios revelados a los hombres, veamos su importancia y su valor ya que es demasiado grande.

125

Analicemos la palabra que Pablo utiliza aquí en este texto; "indiscutiblemente", esta expresión significa sin posibilidad de discusión, sin controversia alguna, el mensaje del evangelio revelando el sacrificio perfecto de Jesucristo en la cruz, no se discute, se cree o se rechaza.

El fin verdadero del centro de toda revelación no es darnos temas de especulación y discusión, sino que podamos creer en todas las palabras de las Sagradas Escrituras y caminar en bendición cada día.

Es *indiscutible*, porque está más allá de toda duda. El propósito y prioridad es producir la revelación de esta gran verdad declarada a los hombres. El fin verdadero del centro de toda revelación no es darnos temas de especulación y discusión, sino que podamos creer en todas las palabras de las Sagradas Escrituras y caminar en bendición cada día.

La misión más grande que la Iglesia de Jesucristo tiene en esta tierra es mantener y proclamar a viva voz la verdad que a Dios le ha placido revelarnos. No se puede cuestionar a Dios, se cree en Dios o se rechaza, no hay un estado intermedio, no hay jamás una tercera alternativa.

La Biblia siempre nos ha hablado de dos posiciones, muerte o vida, esclavitud o liberación, condenación o salvación.

Cuando muchas veces enseñamos o hablamos de la verdad revelada por Dios son muchos los que no han entendido este principio, y muchas veces son llevados a discutir, en relación a lo bíblico. El evangelio revelado a los hombres hay que aceptarlo, recibirlo y creerlo, y cuando estamos dispuestos a recibir el mensaje de Dios en nuestras vidas, Él está dispuesto a llevarnos a nivel de su conocimiento y de su sabiduría.

El misterio de la piedad, es totalmente contrario y diferente al misterio de iniquidad. Pablo establece y dice que este misterio de la piedad se manifestó de la manera siguiente:

1. *Dios fue manifestado en carne*

¿Cómo es posible, que un Dios Todopoderoso, de majestad y extraordinario poder, operando aún en la creación, tuviera tanta compasión de los seres humanos, que le plació enviar a su unigénito Hijo amado, el Hijo del Dios viviente, y tomar nuestra naturaleza, y habitar entre la raza caída?

Por un hombre entra el pecado al mundo, mas por otro hombre entra la salvación de Dios al mundo. El primer Adán separa a la humanidad de Dios, el segundo hombre que no es de la tierra, sino del cielo, Jesucristo, reconcilia a la humanidad con Dios, para que en lugar de eterna condenación, el ser humano entre en eternidad de vida.

¿Cómo es posible, que Dios para darnos redención, se haga igual que los seres humanos y tome en forma corporal nuestra humanidad, débil y limitada?

La Biblia establece que para establecer la realidad de la redención, había tres condiciones en el tiempo de la ley y la historia del pueblo de Israel, y esto tenía que ver con redimir, lo cual significa rescatar. Rescatar a alguien para sacarlo de un lugar determinado de necesidad. Y consistía en los siguiente pasos:

- Tenía que ser pariente cercano.
- Tenía que tener voluntad y anhelo ferviente para hacerlo.
- Tenía que tener suficiente recurso económico como para pagar el precio de ese rescate.

La Biblia nos muestra que por intermedio de Jesucristo, en forma visible y humanizada a este mundo, Dios redime al hombre y a la mujer del pecado mortal. Nos rescata de la miseria del pecado, y de la esclavitud de Satanás. Nos arranca, del estado de la muerte y la desesperación, para colocarnos en las manos omnipotentes de Dios.

Para Jesucristo efectuar y llevar a cabo este proceso de redención tenía que realizar esas tres condiciones demarcadas en la Biblia.

Él no era pariente cercano, pero tomó nuestra forma humana, nuestra forma corporal, y cuando lo hace se acerca a nuestra propia necesidad, identificándose con el hombre, pero con la gran diferencia de nunca haber pecado.

Hablar de Dios, es hablar del medio que Él envió, para identificarse con el propio hombre Jesucristo, sólo él puede saber la necesidad, el dolor, el sufrimiento y las heridas dentro del ser humano.

En esto consiste el amor: no en que nosotros hayamos amado a Dios, sino en que él nos amó a nosotros, y envió a su Hijo en propiciación por nuestros pecados.

1 Juan 4:10

Por medio de la forma humanizada en la que Dios se hizo carne, se hizo posible ser rescatados de la muerte y la condenación en que los humanos estábamos expuestos. Se hizo cercano a nosotros aun en el momento de su nacimiento, su vida, su sacrificio, y su muerte, significó la victoria más grande de Dios para el ser humano.

En la raíz de la palabra "redención" en griego había tres definiciones importantes, que se resaltan en este acto.

- *Agorazo,* ésta significa comprar en el mercado a un esclavo.
- *Exagorazo,* significa quitar del mercado al esclavo.
- *Lutroa,* tiene que ver con romper y quitarle las cadenas al esclavo.

Eso mismo fue lo que la redención por medio de Jesucristo nos ha dado, estábamos expuestos en el mercado como esclavos. Él pagó el alto precio del derramamiento de su propia sangre, nos quita del mercado y, además de eso rompe toda cadena de esclavitud.

Y conoceréis la verdad, y la verdad os hará libres.

Juan 8:32

Con todo esto, hay millones que no entienden, y se preguntan cómo es posible que Dios se haya manifestado en carne. Muchos pueden decir: Yo no creo eso, no acepto la idea de que Jesucristo sea la expresión más grande de compasión que Dios haya proyectado a este mundo.

Pues es así, indiscutiblemente grande es el misterio de la piedad. Gloria a Dios por todos aquellos que sí han creído, y creen que Jesucristo murió en la cruz, en forma humanizada, que no hizo uso de sus atributos divinos.

En ese misterio de piedad, no solamente vemos la manifestación de Jesús en forma visible sobre este mundo, sino que también vemos la operación continua del movimiento del Espíritu Santo, en su vida y ministerio.

Murió en la cruz, fue sepultado inerte y sin vida, pero al tercer día de la mañana gloriosa, el Dios Padre le levantó de entre los muertos, para nunca más morir, sentándose a la diestra de Dios en los cielos.

Los grandes eruditos y conocedores de estos días en que nos ha tocado vivir, no logran entender, cómo es que Dios se haya manifestado en carne, en forma humanizada. Pues como dice Pablo, indiscutiblemente grande es el misterio de la piedad.

2. Fue justificado en el espíritu

Durante el ministerio de Jesús, éste estuvo respaldado continuamente por la evidencia de la unción y el poder del Espíritu Santo. Quien justificó el ministerio de Cristo, fue el Espíritu Santo al descender sobre Jesús en la forma corporal de una paloma, al ser bautizado por Juan el Bautista a orillas del río Jordán. También el Padre celestial respondió con voz audible "este es mi Hijo amado a Él oíd".

En ese misterio de piedad, no solamente vemos la manifestación de Jesús en forma visible sobre este mundo, sino que también vemos la operación continua del movimiento del Espíritu Santo, en su vida y ministerio. Éste comienza a actuar desde el momento en que María concibe, por obra y gracia del Espíritu Santo, donde no interviene la voluntad y deseo del hombre, sino el propósito del tiempo señalado en la voluntad establecida por Dios.

Cómo Dios ungió con el Espíritu Santo y con poder a Jesús de Nazaret, y cómo éste anduvo haciendo bienes y sanando a todos los oprimidos por el diablo, porque Dios estaba con él.

Hechos 10:38

No fue una manifestación de las obras y deseos de la naturaleza humana. Aunque se movió en un cuerpo corporal, Él nunca conoció lo que era pecado, ni la mentira, pues siempre hubo verdad en su boca. Por tanto, no conoció jambs los efectos y cautividad de los vicios y el pecado. Porque el misterio de la piedad, y la realidad de la manifestación de Cristo fue justificado, sostenido, y preservado por el Espíritu de Dios.

Lo que nos enseña esto es que cuando estamos dispuestos a vivir conforme a lo que Dios nos determina por medio de su Palabra, y estamos dispuestos a entender el gran misterio de la piedad manifestado por medio de la persona de Jesucristo, y estamos decididos a vivir para Él, no sólo sabremos que Dios ha perdonado todos nuestros pecados, sino que nos quita el deseo de seguir pecando.

Eso no se puede alcanzar a través de ninguna religión, rito, sacramento o ideología, sólo lo podemos alcanzar, cuando el poder de la redención nos alcance.

¿Cómo es posible que en medio de un mundo de tanta arrogancia, vanagloria, inmoralidad, vicio, y toda clase de perversión y pecado, podamos decir que hay millones de humanos en la tierra que saben lo que es vivir sin practicar el pecado? Todo esto es posible, porque el verdadero creyente no está solo, el Espíritu Santo siempre lo ayudará.

El que practica el pecado es del diablo; porque el diablo peca desde el principio. Para esto apareció el Hijo de Dios, para deshacer las obras del diablo. Todo aquel que es nacido de Dios, no practica el pecado, porque la simiente de Dios permanece en él; y no puede pecar, porque es nacido de Dios.

1 Juan 3:8-9

Por nuestra propia fuerza no podemos lograr vivir de la manera que Dios nos enseña, mas cuando el Espíritu Santo se derrama en nuestras vidas, sí es posible, porque sólo Él nos da la fuerza y capacidad para hacerlo.

¿Aún no se entiende?, indiscutiblemente grande es el misterio de la piedad.

3. Visto de los ángeles

Cuando se escuchó la noticia en el cielo, de que el unigénito del Padre vendría a esta tierra, los ángeles entraron en una actividad y en una dinámica, como nunca antes se había visto.

Los ángeles se ponen en actividad, el mensaje es comunicado a María por el ángel Gabriel. El coro angelical anunciaba el nacimiento del Salvador.

Y repentinamente apareció con el ángel una multitud de las huestes celestiales, que alababan a Dios, y decían:
¡Gloria a Dios en las alturas, en la tierra paz, buena voluntad para con los hombres! Sucedió que cuando los ángeles se fueron de ellos al cielo, los pastores se dijeron

unos a otros: Pasemos, pues, hasta Belén, y veamos esto que ha sucedido, y que el Señor nos ha manifestado.

Lucas 2:13-15

Durante el tiempo de los cuarenta días de ayuno los ángeles les servían. Se dice que le traían agua para beber.

Y estuvo allí en el desierto cuarenta días, y era tentado por Satanás, y estaba con las fieras; y los ángeles le servían.

Marcos 1:13

Los ángeles estuvieron durante el ministerio de Jesucristo, en todo momento.

¿Acaso piensas que no puedo ahora orar a mi Padre, y que él no me daría más de doce legiones de ángeles?

Mateo 26:53

Y aun en el momento extraordinario de la resurrección fueron los ángeles que descendieron y movieron la gran piedra del sepulcro, cuando Jesucristo se levantó en victoria, para nunca más morir.

Y como no hallaron su cuerpo, vinieron diciendo que también habían visto visión de ángeles, quienes dijeron que él vive.

Lucas 24:23

Y vio a dos ángeles con vestiduras blancas, que estaban sentados el uno a la cabecera, y el otro a los pies, donde el cuerpo de Jesús había sido puesto.

Juan 20:12

Y le dijo: De cierto, de cierto os digo: De aquí en adelante veréis el cielo abierto, y a los ángeles de Dios que suben y descienden sobre el Hijo del Hombre.

Juan 1:51

¿Te has puesto a pensar en todo lo que Dios movió del cielo, para manifestar el gran misterio escondido a los hombres, acerca de la piedad?

Movió a su hijo, al Espíritu Santo, y a los ángeles del cielo.

Hecho tanto superior a los ángeles, cuanto heredó más excelente nombre que ellos. Porque ¿a cuál de los ángeles dijo Dios jamás: Mi Hijo eres tú, yo te he engendrado hoy, y otra vez: Yo seré a él Padre, y él me será a mí hijo? Y otra vez, cuando introduce al Primogénito en el mundo, dice: Adórenle todos los ángeles de Dios. Ciertamente de los ángeles dice: Él que hace a sus ángeles espíritus, y a sus ministros llama de fuego.

Hebreos 1:4-7

Cuando las personas aceptan la verdad del misterio de la piedad, hay una garantía, en la cual la Palabra de Dios promete lo siguiente:

Pues a sus ángeles mandará acerca de ti,
Que te guarden en todos tus caminos.

Salmo 91:11

Muchos dirán yo no creo en esto, indiscutiblemente grande es el misterio de la piedad.

4. *Predicado a los gentiles*
En esto vemos revelado un plan de ternura y gran compasión de Dios,

A lo suyo vino, y los suyos no le recibieron. Mas a todos los que le recibieron, a los que creen en su nombre, les dio potestad de ser hechos hijos de Dios; los cuales no son engendrados de sangre, ni de voluntad de carne, ni de voluntad de varón, sino de Dios. Y aquel Verbo fue hecho carne, y habitó entre nosotros (y vimos su gloria, gloria como del unigénito del Padre), lleno de gracia y de verdad.

Juan 1:11-14

Este mensaje que comenzó a escucharse en la tierra de Palestina, ha llenado toda la faz de la tierra. Creído por aquellos que no éramos pueblo de Dios, pero en ese gran misterio de la piedad, ahora somos llamado pueblo, el Israel espiritual, que es la Iglesia triunfante de Jesucristo.

Muchos si pudieran impedir la propagación del evangelio lo harían, pero el evangelio sigue expandiéndose en forma poderosa en todas las naciones. Un mensaje creído, esto no es una religión más, es la vida de Dios en los seres humanos, trayendo paz y gracia sobre los que creen.

Él nos ha mirado con ternura siendo gentiles alejados de su presencia santa. Él nos ha salvado, manifestando a nuestras vidas su ternura y gran misericordia.

En el plan Divino, Dios preparó el cordero inmolado desde antes de la fundación del mundo, para redimirnos y hacernos conocer su salvación a través de Jesucristo. Tú y yo ya estábamos en los planes de Dios. Veamos lo que nos dice el Apóstol.

Porque a los que antes conoció, también los predestinó para que fuesen hechos conformes a la imagen de su Hijo, para que él sea el primogénito entre muchos hermanos. Y a los que predestinó, a éstos también llamó; y a los que llamó, a éstos también justificó; y a los que justificó, a éstos también glorificó.

Romanos 8:28 y 29

¿Puedes discernir la obra perfecta de la redención? ¿Cómo es que Dios extendió su amor y su compasión? Amando, perdonando; todo a través de su sacrificio, y no sólo nos justifica delante del Padre sino que nos glorifica, al darnos la garantía de la vida eterna.

Pues indiscutiblemente grande es el misterio de la piedad.

5. Creído en el mundo

¿Cuántos intentos fracasados no han habido a través de la historia para frenar la propagación del evangelio? Recordemos el Imperio Romano. ¿Cuántas formas y maneras Satanás se ha inventado para impedir el avance del evangelio? Todas ellas para tratar de impedir que el cristianismo siguiera cambiando y dando vida a los humanos.

De acuerdo a lo que nos describe la historia de la Iglesia primitiva, por cada cristiano que mataban diez se convertían al cristianismo.

Este es un mensaje que el mundo cree, nadie lo ha podido ni lo puede detener, porque este es el poderoso mensaje venido del cielo, con la garantía del poder y la autoridad de Dios.

Muchos si pudieran impedir la propagación del evangelio lo harían, pero el evangelio sigue expandiéndose en forma poderosa en todas las naciones. Un mensaje que se cree en él, esto no es una religión más, es la vida de Dios en los seres humanos, trayendo paz y gracia sobre los que creen.

Y yo también te digo, que tú eres Pedro, y sobre esta roca edificaré mi iglesia; y las puertas del Hades no prevalecerán contra ella.

Mateo 16:18

Estamos en el umbral del avivamiento más grande que el Espíritu de Dios haya producido en la tierra. Indiscutiblemente grande es el misterio de la piedad.

6. *Recibido arriba en gloria*

Jesucristo al resucitar, se levanta entre los muertos, convive con sus discípulos por espacio de cincuenta días. Les enseña, les habla, les demuestra que Él es.

Los instruye acerca de todo lo que ellos tenían que continuar haciendo, en la encomienda que ahora les delegaba.

Los lleva al monte de los Olivos y se despide de ellos, junto a Él están dos ángeles mientras que una nube lo comienza a elevar en el aire.

Ese mismo Cristo que había descendido a la tierra, para cumplir con la agenda profética de Dios. Ahora nuevamente el cielo se abre para recibirlo, ya Cristo había resucitado, no estaba en forma humanizada, sino en forma divina, inmortal e incorruptible, lleno de gloria y majestad.

Qué misterio tan grande que una nube levante a Jesús desde la tierra, y lo eleve hasta la misma gloria del Dios eterno.

> *Y habiendo dicho estas cosas, viéndolo ellos, fue alzado, y le recibió una nube que le ocultó de sus ojos. Y estando ellos con los ojos puestos en el cielo, entre tanto que él se iba, he aquí se pusieron junto a ellos dos varones con vestiduras blancas, los cuales también les dijeron: Varones galileos, ¿por qué estáis mirando al cielo? Este mismo Jesús, que ha sido tomado de vosotros al cielo, así vendrá como le habéis visto ir al cielo.*

Hechos 1:9-11

Los discípulos perplejos, y algunos atemorizados, no entendían que su Señor se iba de ellos, para hacer la entrada triunfal en la eternidad celestial.

Mas los mensajeros celestiales confirmaron que Jesucristo volvería. Es notable que antes que Él se separara de sus discípulos, les prometió que Él volvería.

Ahora los ángeles declaran a los discípulos: "no os quedéis mirando al cielo, Jesús volverá, mas os resta a vosotros hacer ahora lo que Él les ha encomendado".

No nos podemos olvidar de esta gran promesa, ya que ella produce una profunda carga en los creyentes por la evangelización del mundo.

Jesús determinó lo siguiente:

Bienaventurado aquel siervo al cual, cuando su señor venga, le halle haciendo así.

Mateo 24:46

Resumiendo este gran misterio de la piedad es lo siguiente:

- El misterio de la piedad es Jesucristo mismo, Él es el Dios hecho carne y fue manifestado a los hombres. Dios manifestó a los hombres a su propio Hijo que tomó la naturaleza humana.
- Aunque despreciado y reprochado como pecador, se entregó a muerte en la cruz como un malhechor.
- Mas Él se levantó de los muertos por el poder de la resurrección enviado por el Espíritu de Dios vivificante y así fue justificado de todo aquello que los hombres le habían acusado.
- Los ángeles le sirvieron desde su nacimiento, hasta su resurrección ascendiendo a los cielos, para sentarse a la diestra del Dios Padre.
- Los gentiles aceptaron las buenas nuevas del evangelio, mientras que los judíos lo rechazaron.

Es maravilloso, pero a la vez indiscutiblemente grande el misterio de la piedad.

Esta es la hora para que el misterio de la piedad que ha impactado a millones de hombres y mujeres en toda la faz de la tierra, pueda estremecer tu propia vida, no trates de razonarlo con tu mente humana, con tu intelecto natural, atrévete sólo a creer y te aseguro que el Cristo de vida y poder revelado en el misterio de la piedad, guiará y dirigirá tu vida a un destino eterno.

Capítulo 10

El misterio de la iniquidad

Porque ya está en acción el misterio de la iniquidad;
sólo que hay quien al presente lo detiene, hasta que
él a su vez sea quitado de en medio.

2 Tesalonicenses 2:7

Iniquidad, la palabra en el original griego es *anomia* carencia de ley, sin ley, se traduce literalmente, injusticia. La condición de no ser recto, ya sea en relación con Dios, basado en su forma inamovible de justicia y santidad, o en relación con los hombres, basado en lo que el hombre piensa que es justo por su propia conciencia y por sus buenas obras.

Mientras que el misterio de la piedad, es de vida y perdón, el misterio de la iniquidad es de muerte y condenación.

Siempre que el Antiguo Testamento menciona la palabra iniquidad tiene que ver con la condición interna del corazón del hombre.

Antes en el corazón maquináis iniquidades;
Hacéis pesar la violencia de vuestras manos en la tierra.

Salmo 58:2

También se aplica la palabra iniquidad a los hechos cargados de injusticia que han sido cometidos.

139

> *Allí cayeron los hacedores de iniquidad;*
> *Fueron derribados, y no podrán levantarse.*

Salmo 36:12

Aun los miembros del hombre pecador son instrumentos de iniquidad.

No reine, pues, el pecado en vuestro cuerpo mortal, de modo que lo obedezcáis en sus concupiscencias; ni tampoco presentéis vuestros miembros al pecado como instrumentos de iniquidad, sino presentaos vosotros mismos a Dios como vivos de entre los muertos, y vuestros miembros a Dios como instrumentos de justicia.

Romanos 6:12-13

La Biblia dice que ya está en acción el misterio de iniquidad, esto nos indica que el tal ya ha sido puesto en movimiento, es decir ha comenzado a funcionar por el planeta tierra.

Algo que está en acción, es lo único que se puede impedir o resistir. Tú no puedes detener algo que no ha comenzado a moverse, pues bien, el misterio de iniquidad es algo que sólo puede ser confrontado por la Iglesia de Jesucristo, por la predicación siempre de la Palabra no adulterada con el poder y la unción continua del Espíritu Santo.

Estos textos que hemos analizado, nos indican que al presente hay uno que lo detiene. Establecen una gran verdad revelada a la Iglesia, para que ella no viva en el desánimo, sino en el valor y la autoridad que emana del poder de lo alto.

El misterio de iniquidad es algo que el mundo no reconoce, porque viven bajo total exhibición de iniquidad, especialmente en sus mentes y en su forma de actuar, ya que sus entendimientos están entenebrecidos. Aquellos que participan en las obras de las tinieblas son "obreros de iniquidad", hacedores de maldad y puentes para la actividad demoníaca en la tierra.

Los insensatos no estarán delante de tus ojos;
Aborreces a todos los que hacen iniquidad.

Salmo 5:5

En este texto, se enfatiza como mal, la mentira, el engaño y el derramamiento de sangre. El calificativo de iniquidad alcanza su máxima expresión, diciendo los malos obran, hablan, engendran, piensan, conciben, recogen, aran y cosechan maldad.

Nos estamos aproximando al Día del Señor, cuando la apostasía y la iniquidad alcanzarán su clímax sobre la tierra.

Israel mismo experimentó esto cuando desobedeció la ley dada por Dios por vivir en un estilo de vida apóstata, de tal manera que terminó actuando y adoptando la vida al igual que los gentiles. Contaminándose con las costumbres e idolatrías de los pueblos cercanos, practicando muchas veces sus acciones abominables.

No me traigáis más vana ofrenda; el incienso me es abominación; luna nueva y día de reposo, el convocar asambleas, no lo puedo sufrir; son iniquidad vuestras fiestas solemnes.

Isaías 1:13

Mas la esperanza y respuesta para Israel venía en la voz profética, cuando finalmente viniera el reino mesiánico y habría de traer un gobierno de justicia y rectitud.

He aquí que para justicia reinará un rey, y príncipes presidirán en juicio. Y será aquel varón como escondedero contra el viento, y como refugio contra el turbión; como arroyos de aguas en tierra de sequedad, como sombra de gran peñasco en tierra calurosa.

Isaías 32:1-2

Nos estamos aproximando al Día del Señor, cuando la apostasía y la iniquidad alcanzarán su clímax sobre la tierra. El día cuando deje de actuar el Espíritu Santo que lo detiene, allí es donde se manifestará el anticristo, siendo el resultado final su destrucción misma y no sólo la de él, sino de todas las fuerzas operativas del mal.

Esta iniquidad no es sino la manifestación de la apostasía, que conducirá finalmente al mundo en una gran rebelión contra Dios, impulsado por el engaño del hombre de pecado, quien se hará pasar por Dios.

Inicuo cuyo advenimiento es por obra de Satanás, con gran poder y señales y prodigios mentirosos, y con todo engaño de iniquidad para los que se pierden, por cuanto no recibieron el amor de la verdad para ser salvos. Por esto Dios les envía un poder engañoso, para que crean la mentira, a fin de que sean condenados todos los que no creyeron a la verdad, sino que se complacieron en la injusticia.

2 Tesalonicenses 2:9-12

El triunfo final de Dios y su hijo amado Jesucristo está ya establecido. Mientras tanto hoy hay millones que se afianzan en la mentira, por cuanto no creyeron a la verdad, la oscuridad de las tinieblas obstruye su entendimiento. Siendo presa fácil del engañador.

Observar el espíritu que opera en el mundo hoy

Tenemos que recordar que el mal actuará cada vez más desenfrenado, oprimiendo a los seres humanos, a medida que nos acercamos a los últimos días.

Al ir tomando cada vez mayor fuerza la apostasía alcanzará niveles cada vez mayores. Lo que significa que el misterio de la iniquidad es una continua actividad oculta de poderes demoníacos, a través de la humanidad, intensificándose a medida que nos acercamos al Día del Señor, contrario al Espíritu de Cristo, manso y humilde, obediente y sumiso.

Es una manera que Satanás utilizará para engañar si fuera posible a los escogidos de Dios, para que estos se aparten de la verdadera fe y sean seducidos por las artimañas del error.

Muchos de la Iglesia tanto creyentes o líderes se apartarán de las verdades fundamentales de las enseñanzas bíblicas, tolerando lo que sea necesario, con tal de tener más dinero, éxito o fama pasajera.

Son muchos los que hoy proclaman que no hay necesidad de arrepentimiento, ni apartarse de la inmoralidad ya que el pecado aseguran que no existe.

Hoy está presente un llamado del Espíritu Santo para la Iglesia en esta hora profética: *apartarse de todo lo que tenga que ver con la iniquidad, y con todo lo que le relacione con ella*, es un llamado de santificación el cien por ciento a Dios.

> *Pero el fundamento de Dios está firme, teniendo este sello: Conoce el Señor a los que son suyos; y apártese de iniquidad todo aquel que invoca el nombre de Cristo.*

2 Timoteo 2:19

El llamado ahora es seguir la fe, el amor y la paz, con los que de corazón limpio invocan al Señor, viviendo contrario al espíritu que predomina en este mundo.

La apostasía en el análisis teológico tiene que ver con el desvío y rechazo de todo lo que sea la enseñanza real y verdadera de la Biblia, de acuerdo a como lo enseñó Jesucristo, y después continuaron los apóstoles.

Son muchos los que hoy proclaman que no hay necesidad de arrepentimiento, ni apartarse de la inmoralidad ya que el pecado aseguran que no existe.

Los pensamientos, enseñanzas y doctrinas de la Nueva Era están siendo una invasión en toda la sociedad moderna, preparando y acondicionando a la humanidad por medio del pensamiento humanista y filosófico. Este movimiento no se trata de una nueva corriente que se haya puesto de moda a impulsos del instinto comercial de las casas editoras, sino que detrás de todo esto existen necesidades religiosas y espirituales existenciales que no son satisfechas por la enseñanza cristiana, o lo son de manera insuficiente.

Los teóricos de la Nueva Era anuncian el fin de las grandes religiones instituidas y el nacimiento de una nueva religión fundada en un nuevo amanecer de las facultades paranormales en la evolución de la conciencia del hombre a un grado superior y en la armonía con el cosmos, con la naturaleza y con lo divino, para lograr la nueva era de unidad y de paz bajo el signo astrológico de Acuario.

Por tanto este movimiento se presenta como un reto desafiante a la Iglesia de Jesucristo. Es preciso discernir su estrategia y ubicarlo dentro de las señales de los tiempos actuales.

Observamos en este movimiento una colección de sistemas del pensamiento metafísico oriental, una conglomeración de teologías, esperanzas y expectativas mezcladas en una enseñanza de salvación, de "pensamiento correcto" y "sabiduría correcta". Es una teología de "tolerancia universal" y "relativismo moral".

En el movimiento de la Nueva Era, el hombre es el centro. Este es visto como algo divino, como creador, y como la esperanza de la paz y armonía futuras.

Una frase representativa de este movimiento podría ser: "Soy afectado sólo por mis pensamientos. Se necesita sólo de ellos para que la salvación venga sobre todo el mundo".

Desgraciadamente para la Nueva Era, el miedo del que quieren ser liberados, es el miedo a la perdición, a la convicción del pecado, y en algunas ocasiones, miedo al cristianismo y a los cristianos.

Aunque la Nueva Era es tolerante a casi todas las posiciones teológicas, ella está en contra de todos aquellos fieles creyentes del evangelio que enseñan que Jesús es el único camino para la salvación.

El movimiento de la Nueva Era es muy difícil de definir debido a que "no hay un dogma, doctrina o membresía". Es una colección, una mezcla de diferentes teologías con una posición común de tolerancia y divergencia en su búsqueda por la "verdad universal".

El término de "Nueva Era" se refiere a "La Era de Acuario" que, de acuerdo a los seguidores de la misma está comenzando.

La Nueva Era es un movimiento de los años ochenta con muchas organizaciones, que ha sido calificado como el "SIDA espiritual", la amenaza de mayor envergadura contra el cristianismo, mayor que cualquier secta.

Seguidores de la misma han llegado a declarar que: Esto ocurrirá cuando haya un "salto cuántico" gigante de la humanidad, que se convertirá en Dios, y entonces habrá un solo idioma, sin odios ni fronteras, todo el mundo será como una nación de hermanos, libres e iguales, será la "edad dorada" de la humanidad hecha dios, con un solo sistema monetario, un gobierno mundial, una mente, sin guerras, ni crímenes, ni violencia, ni racismo, ni enfermedad ni muerte.

Dicen que el mundo está aceptando cada vez más a la Nueva Era, porque ya han fracasado las visiones materialistas y racionalistas, y se impone ahora la primacía de lo espiritual; ya pasó la era del Tauro de las religiones mesopotámicas, y la era del Aries del judaísmo, y la era del Piscis del cristianismo dogmático, y está por amanecer el nuevo ciclo, la Nueva Era del Acuario.

Esto es una verdadera apostasía, impregnada en lo que es el misterio de iniquidad, porque no se presenta como una religión, pero trata de acabar con todas las religiones y dogmas, y sustituir a todas las religiones existentes algo de cada una, para levantar una sola Religión Mundial.

Son muchas "organizaciones" que se pelean entre sí; pero lo común entre ellas es que "Dios no existe", es sólo una fuerza, o una energía y que la humanidad es dios.

Lo único de acuerdo a sus declaraciones que necesita la humanidad para arreglarse, es reconocer que es dios y esto se consigue a base de terapias psicológicas, drogas, dietas, yoga, acupuntura, cristales, magia, espiritismo, hechicería, astrología, brujería, hipnotismo, piramidología, angelología, mantras, ovnis, extraterrestres, control mental y como no, a través de cualquier clase de promiscuidad sexual.

Poniendo por fondo de todo la "reencarnación", acompañada de los ritos antiguos ocultistas de los celtas, germanos, tibetanos y egipcios, menciónelo y lo encontrará en la Nueva Era, todo menos la verdad.

Para ello se organizan sesiones y toda clase de seminarios; los "seminarios para corporaciones", han tenido mucho éxito, porque ofrecen mejorar la capacidad de cada trabajador, al hacerle creer que él es dios, y que puede hacer todo lo que quiera y se proponga, sin importar los medios.

Se usa la "música", especialmente usando la música de la naturaleza, vientos, olas, pájaros, sonido de los bosques, el mar, para ensalzar a la "diosa madre tierra, Gaia".

Pero por la confusión doctrinal y moral de nuestra época y el desencanto cada vez mayor con las formas religiosas tradicionales, el fruto más inmediato del nuevo despertar religioso ha sido la proliferación de lo que es la apostasía, por medio del movimiento de la Nueva Era.

Según la Nueva Era, la "transformación" personal es la base de una "transformación global" que ocurrirá en un "salto cuántico gigante" cuando haya el suficiente número de transformados individualmente, y vendrá la "edad dorada de la Nueva Era del Acuario" ya descrita.

Para unificar la "energía universal", y crear en un instante este "salto gigante" con la paz mundial y la inmortalidad, el 31 de diciembre de 1986 se organizó el Movimiento de Cooperación del Mundo, como un "Pentecostés planetario", que fracasó.

En 1987 organizaron la "Convergencia armónica", con ritos paganos, de cristales, brujería, astrología, y también fracasó, no dio ni la paz mundial ni la inmortalidad, no se produjo el tal ansiado "salto cuántico gigante".

Se supone que vendrá la paz y la iluminación, y que reunirá al hombre con Dios. El hombre es considerado separado de Dios no por el pecado sino por el casi nulo entendimiento y sabiduría sobre la verdadera naturaleza de Dios y de la realidad.

Esta declaración se opone totalmente a lo que Dios ha revelado por medio de las Sagradas Escrituras, cuando por medio del profeta Isaías dice lo siguiente:

> *Pero vuestras iniquidades han hecho división entre vosotros y vuestro Dios, y vuestros pecados han hecho ocultar de vosotros su rostro para no oír. Porque vuestras manos están contaminadas de sangre, y vuestros dedos de iniquidad; vuestros labios pronuncian mentira, habla maldad vuestra lengua. No hay quien clame por la justicia, ni quien juzgue por la verdad; confían en vanidad, y hablan vanidades; conciben maldades, y dan a luz iniquidad.*

Isaías 59:2-4

Ramas y organizaciones que promueven la Nueva Era

En casi tres siglos dominados por diversas formas de racionalismo filosófico, la exaltación de las ciencias empíricas y la difusión de la mentalidad positivista han logrado relegar la fe y la teología al campo del sentimiento o, en el mejor de los casos, de la opinión personal.

Lo real, lo objetivo y científico sería lo que se produce en laboratorio o lo que se puede medir con gráficas y estadísticas.

La religión termina siendo cuestión de preferencia subjetiva sin ningún lazo esencial con la verdad. Estando así las cosas, todas las religiones y todos los caminos espirituales resultan iguales, es decir, igualmente irracionales e irrelevantes.

Como reacción contra todo lo anterior, a lo largo de las últimas décadas, el mundo entero se ha sacudido por una búsqueda de experiencia espiritual sin precedente.

Pero por la confusión doctrinal y moral de nuestra época y el desencanto cada vez mayor con las formas religiosas tradicionales, el fruto más inmediato del nuevo despertar religioso ha sido la proliferación de lo que es la apostasía, por medio del movimiento de la Nueva Era. La fuga de los cultos naturalistas y mágicos, la popularidad de la espiritualidad oriental y el refugio en la religiosidad individual y personalista, son parte de esta tendencia abrumadora que cautiva a millones de seres humanos.

Dice no ser una secta, ni una religión. No es una organización única, ni sigue lineamientos unánimes y universales. No es ni ciencia ni filosofía, aunque se encubre de argumentos pseudocientíficos y discursos confusos que combinan ideas filosóficas y teológicas con cierta originalidad, pudiera decirse que es una corriente filosófica, sincretista y panteísta.

Es común que se hable de la Nueva Era, como un movimiento para señalar su naturaleza de red de muchos individuos y grupos que coinciden en una cierta visión del mundo y una aspiración común de cambiarlo. Lo que les une no es una estructura organizativa ni un código de doctrinas bien definidas, sino una misma mentalidad y una comunicación muy fluida.

En este sentido podemos hablar de ciertas creencias básicas compartidas en mayor o menor medida por los integrantes de la Nueva Era. Así llegaremos a describir un fenómeno tan vasto y escurridizo que no permite una definición sintética.

La Nueva Era tiene diversas características que la distinguen como:

- ECOLOGISMO
- PANTEÍSMO
- GNOSTICISMO
- HOLISMO

- EL CHANNELING (canalización)
- LA REENCARNACIÓN
- EL FEMINISMO
- SINCRETISMO

También, hoy por hoy, existen algunas organizaciones internacionales que promueven la Nueva Era, tales como:

La Nueva Acrópolis: fundada en Argentina en 1957 por Jorge Ángel Livraga. Es un grupo ocultista y gnóstico inspirado principalmente en los escritos de Blavatsky y una mezcla de los conceptos de pensadores antiguos. Sus miembros buscan un estado espiritual superior a través de sugestivas ceremonias de iniciación y la utilización de muchos símbolos y ritos.

Control Mental Silva: fundado en Laredo, Texas, en 1966 por José Silva (n. 1914), consiste en cursos breves de técnicas de control interno y concentración por las que se busca controlar las ondas mentales hasta alcanzar la sobre-conciencia, o el dominio total de sus estados mentales.

El método contiene elementos de espiritismo y sutilmente lleva a sus practicantes al panteísmo. Maneja muchos conceptos fundamentales de la Nueva Era y centra la esperanza de salvación en los poderes mentales del hombre. A pesar del hecho de que muchos de los maestros del método hablan un lenguaje 'cristiano' y aseguran a sus clientes que el método les ayudará en su vida espiritual, hay elementos substanciales del programa incompatibles con la enseñanza de la Biblia.

Este método es una "pseudo-ciencia" o "ciencia ficticia", porque el mismo pretende basarse en las hondas cerebrales registradas en los electroencefalogramas. Pero todo el método está basado en el hipnotismo, autosugestión, y espiritismo, procurándose en la cuarta semana un "laboratorio mental imaginario", donde se invitan a los espíritus a que vengan en ayuda, con la palabra de "consejeros", que van a dar la solución de todos los problemas de enfermedad, financieros, de trabajo, del matrimonio y de la felicidad, con el fin de mejorar la inteligencia y la memoria.

Sus anuncios son muy sugestivos, y las primeras sesiones se hacen interesantes, con las explicaciones pseudo-científicas de las "hondas cerebrales", sugerencias y prácticas de autosugestión e hipnotismo, además añadiéndole un carácter positivo y cristiano.

Así millones de personas han pagado por el curso de cuarenta horas en varias semanas, después hay "cursos avanzados" para introducirse más de lleno en las prácticas del ocultismo.

La meditación trascendental: fundada en 1958 por Maharishi Mahesh Yogi en India, pero no se popularizó hasta 1967, gracias a la publicidad ofrecida por los Beatles y otros artistas famosos de la contra-cultura de los años sesenta.

En su doctrina, que nace del hinduismo, se busca la iluminación de la conciencia por la reflexión personal mediante la repetición de mantras (palabras sagradas) y ritos religiosos.

Implícitos en las enseñanzas de la meditación trascendental son el rechazo de doctrinas esenciales al cristianismo (un Dios personal, la Encarnación, la Resurrección, etcétera) la veneración del Maharishi y del Guru Dev como santos y mensajeros divinos.

La Gran Fraternidad Universal: fundada en 1948 en Caracas por el francés Serge Reynald de la Ferrière (1916-1962), quien era muy activo con grupos de teosofía, astrología y la masonería.

Su doctrina se basa en prácticas astrológicas, esotéricas y ocultistas, y afirma que todas las religiones son iguales, aunque favorece creencias y prácticas hindúes.

Presenta un sincretismo religioso que apela a una ciencia superior que es la verdadera base de toda religión.

La Iglesia de Cienciología/Dianética: fundada por L. Ron Hubbard (1911-1986), novelista de ciencia-ficción que en 1950 publicó Dianética: La ciencia moderna de la salud mental, un manual de autoconocimiento y desarrollo de potencialidad humana basada en el análisis de experiencias previas al nacimiento.

Las asociaciones de médicos más prestigiosas de los E.U han condenado repetidamente las teorías y las terapias de la Dianética como totalmente carentes de base científica y dañosas para la salud mental. Su teoría es que todos los males humanos son causados por 'engramas' o cargas negativas que se graban en lo inconsciente del hombre y provocan estragos continuos.

Para librarse hace falta una 'audición' de parte de un experto que recomendará una serie de cursos que se supone llevará al cliente al estado de 'claro' o libre de 'engramas'.

La reencarnación y las experiencias extracorporales forman parte de la doctrina de esta práctica. Hubbard también tiene escritos que atacan duramente al cristianismo.

Es de observar muy detalladamente de qué manera este mundo está siendo inclinado a creer en la mentira, practicando todo lo que tenga que ver con la injusticia. La apostasía precede a la aparición del hombre de pecado y estamos viendo el desarrollo de esos días.

La palabra "apostasía" viene de la raíz griega *afistemi*, lo cual significa, mantenerse apartado, revuelta, sublevación, rebelión. Esto tiene que ver con el abandono y rechazo de la fe. Por medio de esta se manifestará la actividad directa de Satanás.

Los estragos y consecuencias que esta provocará en un mundo que camina sin Dios, serán terribles y lamentables. Esta es la más grande sublevación y estado de rebelión contra todo aquello que proviene de Dios.

Hoy en día la estrategia de esta apostasía moviéndose sutilmente sobre el mundo, es con el propósito de apartar a hombres y mujeres de la verdadera fe en Jesucristo, para ser arrastrados cuesta abajo por las fuerzas demoníacas.

El misterio de la iniquidad está actuando ya en este momento en el mundo. Así como las diferentes señales del tiempo del fin se vienen cumpliendo, de la misma manera el desarrollo imparable del misterio de iniquidad está envolviendo a los humanos en las más densas tinieblas, con el propósito de ver al hombre rebelarse contra su Creador.

Hoy en día estamos viendo de qué manera progresiva, se van destruyendo todos los conceptos y valores morales en la vida de millones de personas en el mundo entero. Sin lugar a dudas, cada día existe un vacío mayor en la vida de los seres humanos, que intenta ser llenado por las obras de las tinieblas.

El misterio de la iniquidad está actuando ya en este momento en el mundo.

Como hemos visto las nuevas ideas y teorías acerca del cosmos y de la esencia misma de la vida, van negando toda enseñanza que tiene su fundamento en la inspiración de la Biblia.

Las religiones se mezclan y se unen, sin importar sus principios y enseñanzas, con tal de alcanzar una mayor unidad global en el aspecto de la religión única que el mundo necesita tener.

El mensaje contundente y claro de Jesucristo como el único camino, y el único mediador entre Dios y los hombres, está siendo cuestionado, rechazado e inclusive despreciado.

Por eso es importante tener convicciones sólidas y seguras acerca de todo lo que Dios nos enseña por medio de su Palabra, la Biblia, para que ninguna de estas corrientes impetuosas de iniquidad, jamás detenga nuestra vida de la fe y del propósito para los cuales hemos sido llamados.

El misterio de la iniquidad es una actividad oculta de los poderes malignos en el transcurso del acontecer mundial, que prepara indudablemente como lo hemos dicho el camino para el hombre de pecado.

Es el más grande proceso de devastación del engaño que cautiva a los incrédulos, e influye en que muchos creyentes se aparten paulatinamente de la genuina y verdadera fe, y sean controlados y manipulados por la mentira.

Porque vendrá tiempo cuando no sufrirán la sana doctrina, sino que teniendo comezón de oír, se amontonarán maestros conforme a sus propias concupiscencias, y apartarán de la verdad el oído y se volverán a las fábulas.

2 Timoteo 4:3-4

Los falsos maestros se pueden identificar por su oposición abierta o su total indiferencia y apatía a todas las verdades fundamentales del evangelio. Muchos son los que apartándose de la verdad, se resisten a oír la enseñanza pura e íntegra de la Palabra de Dios, anunciada por los hombres y mujeres de Dios.

Pero el Espíritu dice claramente que en los postreros tiempos algunos apostatarán de la fe, escuchando a espíritus engañadores y a doctrinas de demonios.

1 Timoteo 4:1

Muchos creyentes se apartarán del Señor, por haber dejado de amar la verdad de Dios, así que por lo tanto estos no se opondrán ni se resistirán a las enseñanzas tergiversadas.

La forma popular de todas aquellas enseñanzas contrarias y opuestas a la Biblia, será prioritariamente el efecto que Satanás producirá, moviendo legiones de demonios sobre el escenario de este mundo y contra la Iglesia, intentando detenerla en su gran encomienda.

Mas existe una gran promesa de protección en la vida de cada creyente de Jesucristo, y esta se cumple en la total y sincera fidelidad a Dios y a su Palabra inspirada.

Es importante que entendamos que aunque la apostasía se propague en este mundo de una manera desafiante, con todo aquello que entra dentro del desarrollo del misterio de iniquidad, las verdaderas ovejas oyen la voz de su pastor, es decir, los llamados y salvos por la Sangre de Jesús tienen un sello el cual nadie ni nada los puede separar del amor que es en Cristo Señor nuestro, y que por otra parte no puede tener resultado ningún tipo de esfuerzo evangelístico, con las señales y evidencias, lo mismo que la Iglesia primitiva.

Esta es la gran verdad de Dios al espíritu de iniquidad, a las redes de la apostasía avasallante. Hoy más que nunca el Señor derramará de su Espíritu Santo como nunca antes, y la Iglesia se levantará con poder y autoridad, esgrimiendo la espada de doble filo, que es la espada del Espíritu, la Palabra de Dios.

Tienes que saber que se mueven legiones de espíritus engañadores, tratando de resistir toda enseñanza verdadera de la Palabra de Dios, por lo que es necesario entender que más que nunca necesitamos estar cubiertos e investidos con el poder de Jesucristo, y la unción fresca y renovadora del Espíritu Santo.

Sin esta realidad seremos incapaces de confrontar con tenacidad el espíritu de iniquidad y las tramas de apostasía, esto es algo muy serio, no se puede vivir una vida superficial, es la hora de buscar de verdad a Dios y caminar en Su presencia.

A través de la historia de la Iglesia ha habido siempre quienes se han negado rotundamente a amar la verdadera enseñanza de la Palabra de Dios, mas a medida que nos vamos acercando al cumplimiento del fin esto será agigantado.

> *Y muchos falsos profetas se levantarán, y engañarán a muchos; y por haberse multiplicado la maldad, el amor de muchos se enfriará. Mas el que persevere hasta el fin, éste será salvo.*

Mateo 24:11-13

Recuerda que este plan sagaz tiene permiso de entrada legal, cuando la vida ha perdido el verdadero sentido de la moralidad, y por medio de sus actos rechaza abiertamente la santidad de Dios.

Esta es la hora de conocer la verdadera santidad del Dios eterno, cuando anhelamos vivir rodeado por ella, no hay lugar para nada que tenga que ver con el mundo de las tinieblas.

Tatuajes y simbologías, utilizados como instrumentos del misterio de iniquidad

La mayoría de las personas han llegado a pensar que todo lo referente a los tatuajes es algo de este tiempo, desarrollado en los últimos años, sin embargo, en realidad esto es una práctica de hace miles de años atrás.

El origen de la palabra tatuaje se dice que deriva de la palabra "Ta" del polinesio que significa "golpear" o de la antigua práctica de crear un tatuaje por medio del golpe de un hueso contra otro sobre la piel, con el consiguiente sonido "tau-tau".

La palabra latina para tatuaje es estigma, y el significado de ésta se menciona en los diccionarios modernos. Entre las definiciones de estigma están las siguientes tres expresiones:

1. Marca hecha con un instrumento afilado.

2. Marca para reconocimiento hecha en la piel de un esclavo o criminal.

3. Una marca de culpabilidad.

Los ejemplos más antiguos que tenemos del tatuaje en la actualidad son las momias que se han encontrado en excavaciones, y que aparecen tatuadas.

La persona tatuada más antigua era la sacerdotisa egipcia Amunet adoradora de Hathor, diosa del amor y la fertilidad. Ésta vivió en Tebas alrededor del 2000 a.C., sus tatuajes eran del estilo lineales, con diseño de puntos y rayas.

Siempre los tatuajes egipcios estaban relacionados con el lado erótico, emocional y sensual de los hombres y mujeres.

El tatuaje incaico estaba hecho por diseños gruesos y abstractos que se asemejaban a los tribales actuales.

En muchas culturas los animales son el tema más frecuente y están asociados tradicionalmente con la magia, tótems y el deseo de la persona tatuada de identificarse con el espíritu del animal.

En Egipto esto representaba un ritual que era realizado exclusivamente en su mayoría por las mujeres. Era un proceso doloroso, que la mayoría de las veces se usaba para demostrar valentía o confirmar la madurez, en la misma forma que todavía se puede observar en los rituales de las tribus de Nueva Zelanda.

Por ejemplo, en Borneo es uno de los pocos lugares donde se practica actualmente la forma tradicional del tatuaje tribal como lo fuera hace miles de años atrás.

El tatuaje recuerda el arte de Bali y Java, los instrumentos de tatuaje son similares a los usados en Polinesia.

Los hombres se tatuaban a temprana edad, principalmente como medio de ornamentación. El tatuaje de Polinesia fue el más artístico en el mundo antiguo, era muy característico por los diseños geométricos elaborados, los que usualmente eran embellecidos y renovados durante toda la vida de la persona, hasta llegar a cubrir todo el cuerpo.

Se decía antiguamente que el tatuaje se usaba para impresionar y asustar a los enemigos en el campo de batalla, como fuera utilizado por antiguas poblaciones de las Islas Británicas, cuyos guerreros tatuaban sus caras y cuerpos para estar preparados para la guerra. No sólo lograban asustar a sus enemigos sino que consiguieron que otros también lo hicieran. Estos venían de las raíces celtas y latinas con significados vinculados al tatuaje.

Los tatuajes se usaban también como castigo, y las personas acusadas de sacrilegio debían ser tatuadas, debido a esto los médicos griegos y romanos empezaron a practicar la remoción de tatuajes.

Algo de notar aquí es que lentamente el tatuaje de esclavos y criminales fue siendo desplazado a medida que se extendía el cristianismo en el Imperio Romano. Los cristianos eran hostiles y resistían firmemente esta práctica, ya que creían que si Dios había formado al hombre a su imagen y semejanza, era pecaminoso que el hombre tratara de alterar su imagen, a tal punto que se llegó a prohibir esta práctica.

O sea, que la actitud negativa contra el tatuaje tuvo su origen en esta posición firme, y luego más tarde esta posición fue adoptada por otras naciones.

A pesar de esto existen registros de que los guerreros religiosos de las Cruzadas se hacían tatuar crucifijos para asegurarse un entierro dicen ellos cristiano, también los peregrinos que iban a Jerusalén se hacían tatuar crucifijos para recordar su viaje y como presencia de su religión. Esto

Y esto cada vez está siendo aceptado como algo normal y moderno, sin tener en cuenta, bajo ningún aspecto, que esto va contrario a las enseñanzas de la Palabra de Dios.

no era sino una sutil artimaña de las tinieblas para que esas prácticas volvieran a ser adoptadas nuevamente. Todo esto nos indica la habilidad del engaño que siempre ha tenido Satanás.

En Norteamérica vemos esto unido con prácticas religiosas y mágicas. Era un rito simbólico del pasaje a la pubertad y una marca única que permitiría que el alma superara los obstáculos en su camino a la muerte. Muchas tribus practicaban el tatuaje, cuya ceremonia era acompañada por canciones y danzas que según creían invocaban a los demonios.

El tatuaje era una práctica común entre los nativos de América Central. Los nativos tatuaban en sus cuerpos las imágenes de sus dioses y los guerreros conmemoraban sus victorias en batalla por medio de los tatuajes.

La práctica del tatuaje comenzó a ser utilizada por los exploradores. Banks, artista científico que navegó junto al Capitán Cook, describió en detalle en 1769 el proceso del tatuaje de Polinesia. Los marineros de Cook iniciaron esta tradición de los hombres de mar tatuados y propagaron rápidamente esta práctica entre los marineros, quienes aprendieron el arte de los tatuajes polinesios. Lo practicaron a bordo y luego instalaron sus estudios de tatuaje en los puertos.

Los miembros de las clases media y alta lo consideraban por debajo de su dignidad, y nunca fue popular entre los nobles como lo fuera en Inglaterra.

En América donde había existido desde siglos atrás, sólo tuvo eco masivo durante la Guerra Civil. Las ferias mostraban sus personajes tatuados y alcanzó, al igual que en Europa, gran eco entre los personajes de alcurnia. Alrededor del 1900 en Estados Unidos existían centros de tatuaje en casi todas las ciudades importantes.

Mas Dios desde los tiempos del Antiguo Testamento da una gran advertencia a su pueblo diciendo:

No haréis rasguños en vuestro cuerpo por un muerto, ni imprimiréis en vosotros señal alguna.

Levíticos 19:28

Ni en su carne harán rasguños.

Levíticos 21:5

Ritos y cabezas rapadas

Hijos sois de Jehová vuestro Dios; no os sajaréis, ni os raparéis a causa de muerto.

Deuteronomio 14:1

Y no se raparán su cabeza, ni dejarán crecer su cabello, sino que lo recortaran solamente.

Ezequiel 44:20

Es muy común ver hoy en día la moda de las cabezas rapadas o afeitadas, así como el otro extremo que es dejarse crecer el pelo demasiado. No debemos olvidar que esto era una práctica efectuada por los sacerdotes de Egipto. Por ejemplo: los sacerdotes de Isis llevaban la cabeza afeitada y tatuajes en su cuerpo.

La mayoría de las religiones orientales como es la budista, llevan hasta hoy la práctica de raparse totalmente la cabeza y esto es adoración al dios sol, conocido antiguamente por el nombre de dios Ra, también como Baal.

La asociación mundial para la Conciencia de Krisna, una de las tantas sectas, sus miembros tienen la obligación de raparse la cabeza y dejarse una coleta en caso de los varones (aunque se ponen peluca cuando algunas veces van a pedir dinero).

Los adeptos, además, deben llevar un collar de 108 cuentas, cada una representando el mantra 'Hare Krisna'. El ciclo completo debe repetirse 16 veces al día, lo que significa repetir 1728 oraciones diarias.

Hoy en día se venden pulseras budistas con cuentas de diferentes colores para diferentes estados de ánimo y respuestas, según la persona quiera.

El Señor dijo:

Y orando, no uséis vanas repeticiones, como los gentiles, que piensan que por su palabrería serán oídos.

Mateo 6:7

El segundo significado es una actitud de rebelión contra toda autoridad establecida, hoy en día esto está en auge dentro de la juventud y adolescencia.

Hijos sois de Jehová vuestro Dios; no os sajaréis, ni os raparéis a causa de muerto.

Deuteronomio 14:1

Morirán en esta tierra grandes y pequeños; no se enterrarán, ni los plañirán, ni se rasgarán ni se raerán los cabellos por ellos; ni partirán pan por ellos en el luto para consolarlos de sus muertos; ni les darán a beber vaso de consolaciones por su padre o por su madre.

Jeremías 16:6-7

Con referencia a esto la Biblia nos menciona un ejemplo muy particular y conocido.

Y aconteció que, presionándole ella cada día con sus palabras e importunándole, su alma fue reducida a mortal angustia.

Le descubrió, pues, todo su corazón, y le dijo: Nunca a mi cabeza llegó navaja; porque soy nazareo de Dios desde el vientre de mi madre. Si fuere rapado, mi fuerza se apartará de mí, y me debilitaré y seré como todos los hombres.

Viendo Dalila que él le había descubierto todo su corazón, envió a llamar a los principales de los filisteos, diciendo: Venid esta vez, porque él me ha descubierto todo su corazón. Y los principales de los filisteos vinieron a ella, trayendo en su mano el dinero.

Y ella hizo que él se durmiese sobre sus rodillas, y llamó a un hombre, quien le rapó las siete guedejas de su cabeza; y ella comenzó a afligirlo, pues su fuerza se apartó de él.

Jueces 16:16-19

El hecho de no raparse la cabeza, estaba también asociado con su consagración a Dios.

Aros, aretes y más

Hoy como nunca antes podemos observar la proliferación de tatuajes, grabados en la piel, perforaciones en el cuerpo, hasta cicatrices hechas intencionalmente marcando determinadas partes del cuerpo, es la moda de acuerdo a la sociedad de nuestros días, siendo utilizada para embellecer o realzar el cuerpo.

Nadie puede llegar a pensar en lo nocivo y perjudicial que es todo esto, en primer lugar quiero destacar que todo ello es aquello que la humanidad viene arrastrando desde tiempos antiguos y de civilizaciones marcadas por el paganismo y ocultismo, donde siempre han realzado el culto al propio cuerpo.

Lo más triste de todo esto es que en forma muy sutil esto está penetrando dentro del ámbito cristiano, sí de muchos que profesan haber conocido a Cristo, pero con sus hechos, hábitos y conductas niegan consecuentemente la realidad del mismo.

Y esto cada vez más está siendo aceptado como algo normal y moderno, sin tener en cuenta bajo ningún aspecto que esto va contrario a las enseñanzas de la Palabra de Dios.

Hace poco leí un artículo interesante que apareció en la revista "Llamada de Medianoche", de fecha enero-febrero de 1999 que decía lo siguiente:

> Debido a un anuncio televisivo que apareció en Alemania en el que la cruz está en el centro, como tatuaje sobre un brazo, como dibujo sobre la parte de atrás de una cabeza rapada y como alhaja de un pecho masculino colgando de un alfiler de plata que traspasaba una tetilla. Al final se presenta la "Iglesia Evangélica en Kasel" como autora.
>
> El Pastor Federal de la Asociación "Entschieden fur Christus" (EC) (Decido por Cristo), Volker Steinhoff opina que los cristianos deben conocer el estilo de vida real de la gente joven, si quieren hablarles de Cristo. Se debería efectuar una evaluación que muestre si la intención *realmente fue entendida, o si se generó la impresión de que la iglesia es un lugar para tatuarse.*

Basado en este mismo artículo y en la misma nota decía que se publicó la siguiente carta de un lector en el mismo diario, la cual paso a transcribir literalmente.

Biblia prohíbe tatuaje:
Está escrito. "No grabaréis tatuajes sobre vosotros" (Levítico 19:28). De modo que, de acuerdo al entendimiento bíblico, los tatuajes deben ser rechazados, también por ser costumbres paganas. No existe pauta alguna que indique que este mandamiento no esté vigente para los cristianos. Por eso

LOS MISTERIOS DE DIOS REVELADOS

es trágico, que organizaciones religiosas como la EC y el Círculo Misionero de Asociaciones Juveniles, en su reacción respecto a los tatuajes, no lo hayan rechazado por lo menos. Hace años que se puede observar el desplazamiento de la palabra bíblica por la cultura pop "cristiana". De ahí no es de sorprenderse que los evangélicos defiendan los tatuajes. ¿Cuándo comprenderemos los cristianos, que Dios no encuentra agrado alguno en nuestros "shows", y que únicamente la Palabra puede cambiar radicalmente a las personas? ¿Cuándo nos daremos cuenta, que de este modo llevaremos el mundo a la iglesia y que el mundo no tiene interés alguno en este acercamiento? El mejor comentario sobre este anuncio publicitario no vino de los cristianos, sino del diario "El Mundo". Temo, que aquí en más el mundo proclamará el evangelio, mientras que los cristianos proclamarán al mundo.

Se calculan en millones los jóvenes que se han tatuado y siguen haciéndolo, esto, sin lugar a dudas, es algo que va en aumento cada día.

La variedad de la simbología tatuadas en los cuerpos de las personas, es de muchas variedades, es más, se ha llegado a publicar que varían en miles. Estas pueden ser dragones, serpientes, monstruos horribles, calaveras, espectros de la muerte, imágenes de dioses, cruces invertidas y quebradas, y mucho más por supuesto. La mayoría de los que practican esto son adolescentes y jóvenes por lo general.

Un diario llegó a publicar "experimenten las figuras que penetran en su piel".

No sólo esto, sino incluso está de moda el horadarse distintas partes del cuerpo con diferentes metales, representando diferentes simbologías.

Cada vez es más normal ver jóvenes varones con pendientes o aretes en las orejas, sin saber el mal que esto representa, y de qué forma inconsciente se abren los oídos para oír la voz de Satanás.

No sólo esto sino también el perforarse la lengua, la nariz, la cara, los labios, el ombligo y distantes partes del cuerpo, con metales, todo esto son prácticas ancestrales y demoníacas, degradando consecuentemente a las personas que las practican.

Es normal cada vez ver más jóvenes varones con pendientes o aretes en las orejas, sin saber el mal que esto representa, y de qué forma inconsciente se abren los oídos para oír la voz de Satanás.

Es más, hoy se está poniendo de moda el *branding* donde las personas resisten el dolor a una especie de sello que se coloca sobre una parte del cuerpo y que se calienta a una temperatura de 1000 grados, impreso sobre la piel. Para personas que son de una contextura más fuerte, utilizan el *tuckering* lo cual es perforar la piel con abrazaderas metálicas.

El percing y el níquel

A pesar de la normativa muchos de los que ofrecen *piercing* (lo cual significa perforar) siguen utilizando pendientes con alto contenido de níquel que muchas veces producen alergias. El motivo es que muchas personas sufren reacciones alérgicas a este peligroso metal pesado. Los dermatólogos han estado advirtiendo que la alergia al níquel se está propagando debido a la moda del *piercing*.

La mayor parte de los pendientes que se colocan en orejas, nariz y ombligos, contienen una alta cantidad de níquel, que producen diferentes tipos de reacciones a la piel.

Es increíble que hoy en día hasta los bebés llevan pendientes y los jóvenes de hoy decoran sus ombligos o nariz con un *piercing*.

Las consecuencias de estas modas implantadas progresivamente producirán mayores alergias, lo cual queda demostrado que los efectos son dobles, espirituales y físicos.

LOS MISTERIOS DE DIOS REVELADOS

A pesar de que se sabe que muchas personas son alérgicas al níquel, cada vez más mujeres y hombres jóvenes se perforan con esta decoración corporal que se ha puesto de moda.

Una vez que se contrae la alergia al níquel, ésta permanecerá durante el resto de la vida, advirtió Andrea Cadotsch, este dermatólogo fue quien inicio el proyecto para la prevención de la alergia al níquel.

Lo mismo ocurre con los agujeros pequeños para los pendientes, que mucha gente considera inofensivos. Stephan Lautenschlager, médico jefe del ambulatorio dermatológico en el Hospital Triemlispital de Zurich, considera preocupante que los padres, a pesar del riesgo de contraer una alergia, perforen los lóbulos de las orejas de niños cada vez más pequeños. Uno de cada cuatro portadores de pendientes sufre de una infección con supuración. Dicho dermatólogo también conoce casos de serias infecciones o grandes cicatrices debidas al *piercing*.

También son problemáticos los *piercings* en el borde de la oreja donde se perfora a través de cartílagos.

En el *piercing* de nariz podría aparecer una reacción a cuerpos extraños con infecciones y formación de nudos.

Los dentistas advierten que las perforaciones con metales en la barbilla, los labios o dentro de la boca y los que llevan un *piercing* en la lengua, han de contar con inflamaciones, mayor secreción de saliva y problemas de habla, los cuerpos extraños en la boca pueden dañar las encías y los dientes.

Es de notar que todo este tipo de práctica en auge hoy en día, era lo que en tiempos antiguos se utilizaba para marcar a los esclavos, en procedimientos de torturas, como los empleados en el tiempo de la inquisición y en otras persecuciones despiadadas que se han desatado a través de la historia de la humanidad.

Un periódico secular decía lo siguiente:

Un arete traspasando la nariz, el ombligo o en el área íntima está "de moda".

Los pendientes en los hombres cada vez son más impuestos y utilizados por la juventud, y no sólo en ellos sino inclusive en niños y adolescentes.

Yo recuerdo que cuando mi hijo menor nació, la enfermera me preguntó si quería que le agujerease el lóbulo de la oreja para colocarle pendientes, a lo que yo le respondí: ¿Es que usted no se dio cuenta de que mi hijo es un varón? Sí, me contestó ella, pero es que hoy en día esto está de moda.

Es lamentable cómo este tipo de prácticas se viene imponiendo sutilmente, y a la vez es preocupante como muchos llamados creyentes se dejan llevar por todas estas prácticas paganas. Sobre todo considerando que cuando apareció esto fue en los años sesenta cuando para ese tiempo los homosexuales comenzaron a utilizar pendientes en las orejas, llegando inclusive a ser su forma de identificarse con esta práctica.

Hoy la juventud cristiana no es dada a informarse y conocer de dónde provienen estas costumbres y las consecuencias que éstas traen a la vida espiritual de los que la usan.

En los tiempos del Antiguo Testamento, a un esclavo que era propiedad de un determinado amo o señor, como identificación se le horadaba la oreja con una lezna o punzón.

El esclavo hebreo era liberado tras seis años, y debía ser enviado con generosas provisiones. Si se negaba a irse, se le agujereaba la oreja con un punzón frente a la puerta, y permanecía como esclavo hasta el año del jubileo.

Siendo libres no esclavos

Entonces tomarás una lesna, y horadarás su oreja contra la puerta, y será tu siervo para siempre; así también harás a tu criada.

Deuteronomio 15:17

Aquí nos podemos dar cuenta de lo que esto significa, y la similitud que puede haber entre este texto bíblico y la práctica que estamos mencionando.

¿No es acaso que esto también tiene que ver con el aspecto de señal espiritual?, ¿que aquellos que lo hacen indirectamente, consciente o no, se han colocado en manos y a merced de otro amo, para ser a la vez su esclavo?

Jesús habló en forma directa, identificando quién era aquel personaje que ata y esclaviza a los seres humanos que persisten en seguir viviendo y practicando el pecado, es más, se le llama el dios de este siglo.

Dijo entonces Jesús a los judíos que habían creído en él: Si vosotros permaneciereis en mi palabra, seréis verdaderamente mis discípulos; y conoceréis la verdad, y la verdad os hará libres.

Le respondieron: Linaje de Abraham somos, y jamás hemos sido esclavos de nadie. ¿Cómo dices tú: Seréis libres? Jesús les respondió: De cierto, de cierto os digo, que todo aquel que hace pecado, esclavo es del pecado.

Juan 8:31-34

En los cuales el dios de este siglo cegó el entendimiento de los incrédulos, para que no les resplandezca la luz del evangelio de la gloria de Cristo, el cual es la imagen de Dios.

2 Corintios 4:4

La Palabra de Dios nos muestra que Él mismo prohibió desde tiempos antiguos la práctica de hacerse incisiones en la piel y no cabe la menor duda de que éstas son las actuales prácticas que hoy en día estamos viendo.

Y no haréis rasguños en vuestro cuerpo por un muerto, ni imprimiréis en vosotros señal alguna. Yo Jehová.

Levítico 19:28

No harán tonsura en su cabeza, ni raerán la punta de su barba, ni en su carne harán rasguños.

Levítico 21:5

Es evidente que todas estas prácticas que Dios prohíbe a su pueblo, eran formas de ritual que se llevaban a cabo por los pueblos y naciones paganas. No sólo esto sino que también las mismas tenían que ver con la memoria de los muertos, una especie de luto e invocación de los espíritus de los muertos.

Es de notar que cuando Dios prohibió esto en su pueblo, Él dio una advertencia directa, y es que Él mismo no aprobaba ningún tipo de desfiguración en forma voluntaria de la persona, dejando claramente demostrado que tanto las incisiones o perforaciones en el cuerpo, como el tatuaje, que era lo que se imprimía en la piel, era aquello que identificaba a los paganos.

Toda práctica de hacerse incisiones o perforación en la piel, ya sea en la cara, la lengua, o cualquier parte del cuerpo, como asimismo llevar brazaletes o cadenas en las piernas, eran expresiones de luto por los muertos, y estas eran conocidas dentro del ambiente pagano.

Esto no sólo representaba una reverencia al muerto, sino que a la vez era una especie de invocación y acercamientos con los dioses que reinan sobre la muerte.

El tiempo que los hijos de Israel habitaron en Egipto fue cuatrocientos treinta años. Y pasados los cuatrocientos treinta años, en el mismo día todas las huestes de Jehová salieron de la tierra de Egipto.

Éxodo 12:40-41

No nos olvidemos de que Israel estuvo cuatrocientos treinta años esclavo en Egipto, en todo este tiempo Israel absorbió muchas de las costumbres y rituales de este imperio, y Dios le advierte cuando están camino a la tierra prometida, porque existía el peligro de que ellos volvieran a reincidir en esto, que era abominación ante su presencia.

Los tatuajes también tenían que ver con nombres de demonios y esto es el espíritu de iniquidad, provocando rebelión en los seres humanos, atrapándolos cada vez más en las corrientes impetuosas de la apostasía.

Hoy en día, esta práctica está proliferándose de una forma cada vez mayor, y esto como podemos observar es el levantamiento de todas las antiguas costumbres, saturadas de paganismo. En la actualidad las vemos bajo el nombre de esoterismo y otras terminologías nuevas, pero en el fondo es la misma perversión e iniquidad de antes.

> *Que venían unos hombres de Siquem, de Silo y de Samaria, ochenta hombres, raída la barba y rotas las ropas, y rasguñados, y traían en sus manos ofrenda e incienso para llevar a la casa de Jehová.*

Jeremías 41:5

> *Porque toda cabeza será rapada, y toda barba raída; sobre toda mano habrá rasguños, y cilicio sobre todo lomo.*

Jeremías 48:37

Estos textos nos revelan cómo Dios estableció juicio a consecuencia de estas formas de actuar.

Los adoradores de Baal lo hacían

> *Y ellos clamaban a grandes voces, y se sajaban con cuchillos y con lancetas conforme a su costumbre, hasta chorrear la sangre sobre ellos.*

1 Reyes 18:28

El hacerse perforaciones en la piel, era algo que estaba íntimamente ligado con los ritos y supersticiones de los conceptos paganos religiosos. Esto lo vemos demostrado aun en los profetas de Baal y Asera, cómo estos se cortaban y herían su carne, entrando en estado de trance, cuando fueron desafiados por el profeta Elías en el Monte Carmelo. Los adoradores directos de Satán (Baal) se caracterizaban por esa forma de invocaciones diabólicas haciéndose sangre en el cuerpo.

El apóstol Pablo nos dice que nuestro cuerpo es templo del Espíritu Santo, por eso tenemos que cuidarlo por dentro y por fuera para agradar a Dios que nos lo dio y no permitir que nada lo ultraje ya que dice que templo santo es.

Marcado para la bestia

Esto nos muestra la forma en que todo va siendo acondicionado para que el misterio de iniquidad lleve a cabo sus maléficos planes.

Como ya he mencionado muy claramente en mi anterior libro "La globalización y su cumplimiento profético", todo esto está preparando a la sociedad de nuestros días, para un futuro cercano en que se llevará a cabo la marca de que nos habla el libro de Apocalipsis, capítulo 13.

> Y hacía que a todos, pequeños y grandes, ricos y pobres, libres y esclavos, se les pusiese una marca en la mano derecha, o en la frente; y que ninguno pudiese comprar ni vender, sino el que tuviese la marca o el nombre de la bestia, o el número de su nombre.

Apocalipsis 13:16-17

Todos tendrán que aceptar el número de la marca de la bestia, de tal modo, que esto también es algo así como un tipo de tatuaje dentro de la piel.

De acuerdo a como podemos ver el acontecer mundial, la gente tendrá cada vez menos temor a lo que significa la marca, pues esto está siendo debidamente aceptado como algo normal.

Cuán importante es en estos días el estar debidamente informado, pero sobre todo dar el valor que las Sagradas Escrituras merecen y el oportuno lugar que deben ocupar en la vida de todo fiel cristiano. Conocer lo que la Biblia nos enseña no es una elección sino una necesidad diaria.

Hoy se levanta la voz de Dios en advertencia, como en tiempos antiguos, trayendo una palabra de exhortación, para que todo fiel cristiano, y en especial aquellos que son jóvenes, se aparten de todas estas prácticas que son desagradables a los ojos de Dios.

Si tú has aceptado a Jesucristo como tu Señor personal y Salvador de tu vida, recuerda que si tienes tatuajes, aunque lo hiciste cuando no conocías a Dios, esas figuras que tienes impresas en tu cuerpo, no tienen ninguna relación con tu nueva vida.

Me preguntarás ¿y qué puedo hacer? Busca información, porque hoy existe la posibilidad de quitarse los tatuajes, e inclusive en algunos lugares lo hacen gratis. Hoy la ciencia ha avanzado mucho, de tal manera que existe la técnica específica para ello.

¿Con qué limpiará el joven su camino?, con guardar tu Palabra... En mi corazón he guardado tus dichos para no pecar contra ti.

Lámpara es a mis pies tu palabra,
Y lumbrera a mi camino.

Salmo 119:105

Capítulo 11

El misterio de Babilonia

---

*Y en su frente un nombre escrito, un misterio: BABILONIA
LA GRANDE, LA MADRE DE LAS RAMERAS Y DE
LAS ABOMINACIONES DE LA TIERRA.
Vi a la mujer ebria de la sangre de los santos, y de
la sangre de los mártires de Jesús; y cuando la vi,
quedé asombrado con gran asombro.
Y el ángel me dijo: ¿Por qué te asombras? Yo te diré el
misterio de la mujer, y de la bestia que la trae, la cual
tiene las siete cabezas y los diez cuernos.*

Apocalipsis 17:5-7

L os capítulos 17 y 18 de Apocalipsis, describen en forma
detallada y precisa la caída de la gran Babilonia. Esta
representa el sistema del mundo controlado y domina-
do por Satanás, y que manifiesta su maldad, en lo religioso,
político y aun económico.

El sistema religioso propagado en los últimos días, no deja
de ser también un misterio. Este seudomovimiento religioso
representa una parte del desarrollo, que no había sido revelado
antes con tanta claridad como lo hemos visto en nuestros
tiempos.

Vemos en el verso 5 de este mismo capítulo que su nombre
es un misterio, algo que arroparía a todas las naciones, o sea
que tendría un alcance mundial.

Buscar el poder, la guía y el conocimiento en el imperio de los muertos mediante el engaño de la obra demoníaca era y seguirá siendo abominación delante de los ojos de Dios.

Esta verdad revelada determina y hace una gran diferencia entre lo que era la Babilonia antigua como nación, religión y hechicerías, con la doctrina y prácticas del sistema de la gran ramera, llamada "Babilonia la grande un gran misterio". La profecía nos revela que durante el tiempo en el período de la gran tribulación, Babilonia será completamente destruida.

Como hemos dicho anteriormente, la Babilonia que Juan describe en el libro de Apocalipsis, es comparada "a una gran ramera".

Este término viene de la raíz griega *porne*, que significa, prostituta. Mientras que la palabra ramera, viene de la palabra *pernemi*, que tiene que ver con vender.

La palabra ramera tiene que ver con todo aquello que ha estado representando a través del tiempo, una falsa unidad religiosa, abarcando las religiones del mundo, paganas, idólatras, ocultistas, e incluso a todos aquellos que caen en la trampa sutil de la apostasía que ésta emplea.

Esto nace entre lo que es la Babilonia antigua, y todo lo que tiene que ver con las prácticas, enseñanzas y argumentos de esa Babilonia que describe Juan, como la gran ramera, o sea llamada "La Babilonia misteriosa".

Vayamos a las páginas de la Biblia, y nos detendremos en el capítulo 10 de Génesis y entenderemos en forma más precisa lo que Dios nos enseña por medio de la misma.

Para comprender el significado espiritual del sistema religioso que tiene lugar en nuestros días en Babilonia, que es tipo de este sistema, es menester entender lo que fue el comienzo de la Babilonia en el sentido literal como tal.

El origen de Babilonia, viene de *Babel*, que representa o simboliza la falsa religión, el ocultismo, la magia, la astrología, la adivinación, el misticismo, la adoración a otros dioses y mucho más, llevando a la humanidad a una rebelión declarada contra el único y verdadero Dios.

Babel o Babilonia fue fundada bajo la ostigación de Nimrod, de cuyos hechos y acciones lo leemos de la manera siguiente:

> *Y Cus engendró a Nimrod, quien llegó a ser el primer poderoso en la tierra. Este fue vigoroso cazador delante de Jehová; por lo cual se dice: Así como Nimrod, vigoroso cazador delante de Jehová.*

Génesis 10:8-9

Nimrod fue aquel que llevó a los habitantes para ese tiempo de la tierra, a construir una torre cuya altura llegaría al cielo, de manera que todos se establecieron alrededor de ella y habitaron allí. Contrario a lo que Dios había ordenado de esparcirse sobre toda la faz de la tierra.

> *Y dijeron: Vamos, edifiquémonos una ciudad y una torre, cuya cúspide llegue al cielo; y hagámonos un nombre, por si fuéremos esparcidos sobre la faz de toda la tierra.*

Génesis 11:4

El pecado delante de Dios de este pueblo de Sinar, bajo el liderazgo de Nimrod, fue el querer establecer sus propios deseos, dominar a los demás hombres, y apartarlos del destino que el Dios del cielo había declarado. Y tratar de elevar el propio hombre por encima de Dios, olvidándose de la voluntad de Dios, y colocándola en los impulsos del mismo hombre, movidos por la rebelión y el orgullo.

A partir de ese momento los humanos se volvieron contra Dios, apartándose de su voluntad, para ser llevados, y a la vez cautivos, por la idolatría, hechicería y astrología.

Por esta razón cuando Dios establece las leyes y estatutos que regirán en su pueblo, Él establece *que no aprendan el camino de las naciones.*

Buscar el poder, la guía y el conocimiento en el imperio de los muertos mediante el engaño de la obra demoníaca era y seguirá siendo abominación delante de los ojos de Dios.

Porque te confiaste en tu maldad, diciendo: Nadie me ve. Tu sabiduría y tu misma ciencia te engañaron, y dijiste en tu corazón: Yo, y nadie más. Vendrá, pues, sobre ti mal, cuyo nacimiento no sabrás; caerá sobre ti quebrantamiento, el cual no podrás remediar; y destrucción que no sepas vendrá de repente sobre ti. Estate ahora en tus encantamientos y en la multitud de tus hechizos, en los cuales te fatigaste desde tu juventud; quizá podrás mejorarte, quizá te fortalecerás. Te has fatigado en tus muchos consejos. Comparezcan ahora y te defiendan los contempladores de los cielos, los que observan las estrellas, los que cuentan los meses, para pronosticar lo que vendrá sobre ti.

Isaías 47:10-13

Ellos desobedecieron y comenzaron a construir aquella gran ciudad llamada Babel, al principio era llamada puerta de Dios, pero rápidamente, ante el juicio divino se transformó en confusión, ya que ella llevaba la marca de la desobediencia y de la rebelión contra el Creador mismo.

La palabra "confusión" viene de la palabra griega *sunqueo* o *suncuno* que significa, mezclar, perturbar, confundir, alborotar. También se conecta con la palabra *akatastasia*, ésta tiene que ver con inestabilidad y negativismo. Denota un estado de desorden, perturbación, tumulto, revoluciones y anarquía.

Babel tiene que ver con la raíz hebrea que se deriva de *balal* que significa, trastornado o *confundido*, más tarde fue que los habitantes de Babilonia interpretaron Babel como la puerta del dios.

La construcción de Babel, es allí donde nace el primer intento de lo que sería en el futuro el orden de gobierno mundial, uniéndose a sí mismo a una religión mundial y ambos unidos bajo una misma identidad.

La Biblia menciona que para construirla utilizaron ladrillos en lugar de piedras. En

Mas lo que comenzó en Babel, Satanás lo ha querido mantener a través de las generaciones, haciendo creer a los hombres que pueden ganar el favor de Dios, edificando elevados altares, cargados de dogmas y ritos, haciendo que los hombres hagan obras aceptables, creyendo que ganarán el favor de Dios.

aquel tiempo era común que se edificara utilizando piedras cortadas, pero en esta oportunidad ellos inventaron el barro cocido, haciendo ladrillos.

En el sentido espiritual la piedra o roca significaba a Cristo la roca eterna de los siglos, mientras que el barro es de la tierra y significa pecado y esclavitud. Esto era lo que hacia el pueblo de Israel en Egipto. Trabajaban con los pies el barro para hacer ladrillos.

Es por esta razón que cuando Dios ordenó la manera de edificar el altar para el sacrificio, tenía que ser de piedra, esto es contrario a lo que Satanás siempre ha instigado a los hombres.

Altar de tierra harás para mí, y sacrificarás sobre él tus holocaustos y tus ofrendas de paz, tus ovejas y tus vacas; en todo lugar donde yo hiciere que esté la memoria de mi nombre, vendré a ti y te bendeciré. Y si me hicieres altar de piedras, no las labres de cantería; porque si alzares herramienta sobre él, lo profanarás. No subirás por gradas a mi altar, para que tu desnudez no se descubra junto a él.

Éxodo 20:24-26

Israel debía de sacrificar ofrendas al Dios vivo, y si el lugar era rocoso podían edificarse de rocas naturales, no talladas, ni hechas con ningún tipo de herramientas, tampoco el altar podía ser elevado, para que nadie tuviera la necesidad de subir escaleras.

Esto tenía que ver con una voz profética, el hombre jamás alcanzaría salvación por sus esfuerzos propios y humanos. Dios determinó desde la antigüedad, que la salvación del hombre sería un don de Dios.

Mas lo que comenzó en Babel, Satanás lo ha querido mantener a través de las generaciones, haciendo creer a los hombres que pueden ganar el favor de Dios, edificando elevados altares, cargados de dogmas y ritos, haciendo que los hombres hagan obras aceptables, creyendo que ganarán el favor de Dios, siendo todo lo contrario, todo esto es lo que se dio inicio en la torre de Babel.

A partir de allí Nimrod se levanta como un líder de iniquidad, quien a su vez promueve la apostasía, o sea el desvío del verdadero propósito que Dios había determinado para los humanos.

De acuerdo al relato histórico de ese acontecimiento, se dice que la esposa de Nimrod, fue Semiramis I. Ella fue considerada como la fundadora de todos los misterios babilonios y la primera sacerdotisa y profesante de la idolatría.

Semiramis I dio a luz un hijo, el cual anunció que había sido concebido milagrosamente, cuando ésta lo presentó a todo el pueblo, este hijo fue anunciado como un supuesto libertador, el cual había sido prometido, este hijo fue llamado Tamuz, contra el cual el profeta Ezequiel se levantó, contrarrestando la adoración de este culto y levantando voz profética en los días del cautiverio.

176

Me dijo luego: Entra, y ve las malvadas abominaciones que éstos hacen allí. Entré, pues, y miré; y he aquí toda forma de reptiles y bestias abominables, y todos los ídolos de la casa de Israel, que estaban pintados en la pared por todo alrededor. Y delante de ellos estaban setenta varones de los ancianos de la casa de Israel, y Jaazanías hijo de Safán en medio de ellos, cada uno con su incensario en su mano; y subía una nube espesa de incienso. Y me dijo: Hijo de hombre, ¿has visto las cosas que los ancianos de la casa de Israel hacen en tinieblas, cada uno en sus cámaras pintadas de imágenes? Porque dicen ellos: No nos ve Jehová; Jehová ha abandonado la tierra. Me dijo después: Vuélvete aún, verás abominaciones mayores que hacen éstos. Y me llevó a la entrada de la puerta de la casa de Jehová, que está al norte; y he aquí mujeres que estaban allí sentadas endechando a Tamuz. Luego me dijo: ¿No ves, hijo de hombre? Vuélvete aún, verás abominaciones mayores que estas. Y me llevó al atrio de adentro de la casa de Jehová; y he aquí junto a la entrada del templo de Jehová, entre la entrada y el altar, como veinticinco varones, sus espaldas vueltas al templo de Jehová y sus rostros hacia el oriente, y adoraban al sol, postrándose hacia el oriente.

Ezequiel 8:9-16

El profeta Ezequiel fue llevado por el Señor al templo de Jerusalén, para poder observar personalmente las abominaciones que el pueblo de Israel estaba cometiendo. Dios le revela al profeta que Él jamas habitaría en un templo en que se practicara la idolatría y el pecado.

Lo mismo sucede en nuestros días actuales, el Señor establece que donde se le invoca y se le alaba a Él, no se puede adoptar las formas y prácticas religiosas del mundo.

Su Iglesia no puede en esta hora dejar a un lado las enseñanzas reveladoras de su Palabra, no puede jamás aceptar y aprobar las prácticas cargadas de inmoralidad y pecado.

En los días del profeta llegó un momento en que las mujeres de Judá se habían apartado de su Señor, y se volvieron en invocación y adoración a Tamuz, que representaba en ese tiempo el dios babilonio de la vegetación.

Aquellos días llegaron a ser de tal manera de ceguera y oscuridad que los hombres fueron llevados a practicar y adorar a estos dioses babilonios no conociendo al único y todopoderoso Dios fiel y verdadero.

Vemos entonces que desde la torre de Babel se fue introduciendo la adoración y el misterio de la madre y el niño, haciendo de esto una de las prácticas de idolatría más antiguas que pueda existir sobre el planeta tierra.

Los ritos de esta adoración y veneración eran escondidos y secretos, sólo los que se iniciaban conocían tales poderes, en otras palabras tenían que ser partes del mismo para que se les permitiera conocer tales misterios.

En medio de todo esto, Satanás desde tiempos antiguos y remotos ha ido delineando un plan sagaz y sutil para confundir y engañar a la humanidad, utilizando estrategias de imitación y falsificación tan parecidas a la verdad que Dios había establecido, de tal manera que nunca pudieran reconocer la verdadera y genuina simiente de la mujer, conforme a la promesa de la redención dada a Eva.

Fue desde entonces Babilonia la cuna y proyección de la gran falsa religión y la madre de los cultos misteriosos y destructivos de la verdad que se propagaría en todas las naciones y por todas las edades.

Dondequiera que esta religión era transportada, llevaba misterios destructivos y simbologías cautivadoras. Lo llamativo de todo esto es que los símbolos eran los mismos, y en distintas naciones del mundo la adoración de la madre y el niño llegó a ser la prioridad de los distintos cultos, estos se celebraban con las prácticas más degradantes y abominables.

Es a partir de ese entonces que la imagen o estatua de la reina de los cielos con el niño en sus brazos, se veía por todo los lados, aunque los nombres eran diferentes, según al país y al idioma donde esta práctica y ritualismo llegaba.

Esto llegó a ser la religión de los secretos ocultos de los fenicios y esta práctica fue llevada por ellos mismos a los distintos lugares de la tierra.

Astarot y Tamuz, era la madre y el niño, luego cuando esta práctica llego a Egipto allí fue Isis y Horus, cuando comenzó a ser aceptada y practicada por los griegos fue Afrodita y Eros, cuando llegó a ser reconocida en el Imperio Romano, allí comenzó a ser nombrada como Venus y Cupido, y así sucesivamente iba siendo adaptada esta práctica en todas las naciones, cambiándole sólo el nombre.

En un periodo de mil años esta práctica religiosa que había nacido en Babel o Babilonia llegó a ser aceptada como una religión oficial en todas las naciones.

Claro está que el engaño de Babilonia no sólo tenía que ver con este tipo de rito e idolatría, sino que paralelamente a éste había incontables misterios ocultos y escondidos.

De esta manera, Babilonia llegó a ser la fuente y el fundamento del origen de la idolatría y la madre de los distintos sistemas de paganismo que hoy existen en el mundo.

La religión de misterios que allí se originó, se propagó en distintas formas en la tierra, y esto ha venido propagándose y multiplicándose de una manera tal que ha llegado a engañar a la sociedad de nuestros días.

De acuerdo al llamamiento divino que Dios le hace a Abraham, lo primero que le dice es "sal de tu tierra y tu parentela", esto es un acto de apartarlo de aquellas creencias cargadas de misterios y secretos, para establecer en él una nación que reconocería sólo al creador y único Dios Adonai, Eloim, Shadai, el verdadero Dios Altísimo.

Mucho tiempo después durante el reinado del rey de Israel, Acab y su esposa Jezabel, que era hija de un sacerdote pagano y princesa fenicia, lograron en forma muy sutil, introducir nuevamente la adoración al Sol lo que fue parte de la práctica de la religión de Babilonia.

Fue allí que la nación de Israel se contaminó, desviándose en la adoración de Baal, quien era el dios Sol, el cual era reconocido como el que daba la vida.

Esta era precisamente la forma de la práctica cananea, que habían recibido de los misterios de Babel, lugar del que Dios había quitado a Abraham para hacerle padre de una gran nación.

En la Biblia cada vez que se menciona la prostitución y el adulterio, empleándose de manera figurada o espiritual también, tienen que ver con la apostasía, el engaño, la mentira y todo lo que conlleve a la humanidad a la infidelidad a Dios.

Por lo tanto había una relación directa entre Babel o la Antigua Babilonia, con la Babilonia religiosa.

Es de notar también que la Babilonia que el rey Nabucodonosor mandó construir, fue alrededor de las antiguas ruinas donde había sido construida la torre de Babel.

Algo que se puede observar es que siempre el trono y el altar estuvieron unidos, o sea me refiero al rey y al sacerdote, Satanás siempre fue un imitador de Dios, ya que si leemos el Antiguo Testamento, podemos observar que el rey de Israel estaba unido, al sacerdote y al profeta.

De acuerdo al desarrollo del acontecer de los antiguos imperios, los sacerdotes del paganismo y la idolatría, agoreros, magos, astrólogos, sabios, hechiceros, eran los que siempre rodeaban la corte de los faraones y reyes, y eran considerados los consejeros de las cortes reales.

A parte de esto, la Babilonia religiosa fue representada por una mujer, esta es la identidad espiritual del sistema religioso, y siempre ésta ha estado unida al gobierno político.

Al adoptar Israel la apostasía, y la práctica de las abominaciones de la tierra, son llevados cautivos, como esclavos hasta el mismo imperio babilonio.

Es de reconocer que la ciudad de las fuentes y flores llamada Babilonia fue destruida muchos años después cumpliéndose la profecía dada por Jehová a través de sus profetas. Hoy por hoy, como ciudad e imperio, sólo queda el recuerdo del resplandor de lo que fue en sus tiempos, mas los dogmas, prácticas, ritos y misterios hoy todavía persisten.

Por lo tanto cuando Juan habla acerca del misterio de Babilonia, en ningún momento significa que Babilonia como ciudad volverá a ser reconstruida, sino que está hablando del sistema religioso nacido en Babilonia que imperaría hasta el tiempo señalado por Dios, en el orden profético.

Y Babilonia, hermosura de reinos y ornamento de la grandeza de los caldeos, será como Sodoma y Gomorra, a las que trastornó Dios. Nunca más será habitada, ni se morará en ella de generación en generación; ni levantará allí tienda el árabe, ni pastores tendrán allí majada; sino que dormirán allí las fieras del desierto, y sus casas se llenarán de hurones; allí habitarán avestruces, y allí saltarán las cabras salvajes. En sus palacios aullarán hienas, y chacales en sus casas de deleite; y cercano a llegar está su tiempo, y sus días no se alargarán.

Isaías 13:19-22

Según narra la historia, cuando la ciudad de Babilonia fue destruida, el sumo sacerdote huyó junto con otros iniciados que compartían estas prácticas, llevándose consigo sus vasos sagrados e imágenes a Pérgamo.

Es allí en la ciudad de Pérgamo que el símbolo de la serpiente se establece como el emblema de los secretos y la sabiduría escondida.

Viajando y atravesando los mares llegaron a Italia. Estos ritos y cultos se expandieron con el nombre de misterios etruscos, luego más tarde en Roma se convirtieron en la base de lo que había sido el ritualismo y culto de Babilonia en su nacimiento.

Y es allí cuando los sacerdotes comenzaron a utilizar mitras en forma de cabeza de pescado, en honor y veneración a Dagón, dios del pez, el señor de la vida.

Continuidad de las prácticas paganas

Era debidamente conocido que en los primeros siglos del cristianismo los misterios de Babilonia habían producido un sinnúmero de efectos, sus prácticas con todas sus enseñanzas, habían sido aceptadas y reconocidas por parte de aquellos que se llamaban la Iglesia de Cristo.

A raíz de todo esto la verdadera revelación de la Biblia, había sido impedida y obstaculizada, mientras que por otro lado las prácticas de la idolatría y el paganismo se imponían drásticamente como parte de las enseñanzas del cristianismo.

Mas a medida que nos acercamos a la culminación de los últimos días, esto tendrá su mayor alcance, y más aun cuando la Iglesia de Jesucristo haya sido arrebatada.

En la Biblia cada vez que se menciona la prostitución y el adulterio, empleándose de manera figurada o espiritual también tienen que ver, con la apostasía, el engaño, la mentira y todo lo que conlleve a la humanidad a la infidelidad a Dios.

> *¡Oh almas adúlteras! ¿No sabéis que la amistad del mundo es enemistad contra Dios? Cualquiera, pues, que quiera ser amigo del mundo, se constituye enemigo de Dios.*

Santiago 4:4

El hecho que se debe considerar es que, la gran ramera es aquello que tiene que ver con los que aparentan servir a Dios, mientras que en realidad adoran y sirven a otros dioses, y se involucran en prácticas que Dios mismo abomina y son detestables ante su presencia.

La gran ramera, o la virgen esposa del cordero

Hay una gran y marcada diferencia entre lo que es la gran ramera y la novia de Cristo. Mientras la novia sólo se reserva para Cristo y adora sólo a su Salvador y Redentor, la ramera fornica con los reyes de la tierra embriagándose con la sangre de los mártires.

Satanás es quien controla y dirige la gran ramera y ésta se mueve bajo su manipulación.

Mientras que por otra lado la Iglesia se rinde y se somete sólo a Jesucristo y es vestida y adornada por la permanente presencia del Espíritu Santo, reservándola para las bodas del Cordero para reinar con Él por la eternidad.

> *Y a ella se le ha concedido que se vista de lino fino, limpio y resplandeciente; porque el lino fino es las acciones justas de los santos.*

Apocalipsis 19:8

Mientras que a la gran ramera le aguarda la muerte y condenación eterna, separada para siempre de Dios.

> *Y los diez cuernos que viste en la bestia, éstos aborrecerán a la ramera, y la dejarán desolada y desnuda; y devorarán sus carnes, y la quemarán con fuego...*

Apocalipsis 17:16

Ella ha consentido en vivir rechazando la verdad gloriosa de Cristo, añadiendo caminos extraños para llegar al cielo, torciendo astutamente muchas de las doctrinas básicas del cristianismo de acuerdo a lo revelado en la Biblia.

Hizo pacto con los poderes de la tinieblas, poniendo en práctica todas las filosofías, humanísticas, materialistas, y ocultas, uniéndose al sistema del mundo con toda su inmoralidad y pecado.

Finalmente, ella une los poderes religiosos y políticos, tomando el control de las naciones, sus propios líderes se oponen al verdadero creyente y las enseñanzas puras y fundamentales de la Biblia.

La doctrina no será lo más importante para ella, sólo su deseo y ambición será la concentración y unidad con sus sistemas de creencias diversos, sus simbologías, objetos e imágenes religiosas, convirtiéndose así en una habitación de demonios y guarida de toda clase de espíritus inmundos y malignos.

La verdadera identificación de la gran ramera nunca ha sido ni será con Cristo, sino con las mismas profundidades de las tinieblas y todas las conspiraciones ocultas y secretas inspiradas por la serpiente antigua.

Los falsos profetas, engañadores y mentirosos, tienen su acogida y respaldo en ella, porque alienta a los que practican y viven de acuerdo al espíritu del mundo que se une con ella.

Son innumerables los falsos y engañosos movimientos religiosos que permiten a sus miembros aparentar que son de Dios, aunque al mismo tiempo cometan toda clase de perversión y adulterio.

Como una ramera, esta seudo y falsa iglesia cargada de apostasía, comercializa y vende su favor y comparte sus honores con el mundo todas las veces que crea necesario.

Se dice que la mujer estaba sentada sobre una bestia. No hay la menor duda de que esta bestia representa al gobierno mundial, la cual apoya el poder religioso y apóstata de los últimos días.

Se nos menciona que esta mujer, o sea, la gran ramera, tenía en la mano un cáliz de oro, esta copa estaba llena de las abominaciones. Tenía una apariencia de hermosura ante los ojos de las naciones, mas este texto nos revela la situación espiritual de las religiones unificadas apóstatas de los últimos días.

Esa mujer que representa a la seudoiglesia hablará de Dios sin jamás haberle conocido, y a la misma vez seducirá a las naciones para conducirse en toda práctica de perversión.

Lo que produce esto es un seudocristianismo, degradado diciendo que pueden disfrutar de todo acto de inmoralidad y pecado, y con todo esto igual Dios los aceptara como sus hijos.

Hay un nombre escrito en su frente "BABILONIA LA GRANDE, LA MADRE DE LAS RAMERAS Y DE LAS ABOMINACIONES DE LA TIERRA".

Recibe el nombre de misterio, esto tiene que ver con un gran sistema religioso con el que los reyes de la tierra han tenido una relación ilícita, y con el que se han enriquecido todos los mercaderes de la tierra. Un sistema que se ha hecho culpable del derramamiento de la sangre de los mártires de Jesucristo.

La madre de las rameras es comparada con una mujer vestida de púrpura y escarlata, adornada con oro, piedras preciosas y perlas.

Las prostitutas romanas debían llevar una cinta con sus nombres sobre la frente, para los cristianos Roma era Babilonia, la madre de la idolatría y todos su males.

Sólo la ciudad de Roma es aquella que se asienta sobre siete colinas. Estas siete colinas o montes siempre han hecho que se identifique a esta mujer con Roma y su sistema religioso en el mundo.

Babilonia como madre de la confusión, es allí donde nace la idolatría, adoración de los demonios, simbologías, y cientos de prácticas que degeneraron en abominaciones delante de Dios.

La lista sería muy extensa si mencionamos todas aquellas prácticas, ritos, y dogmas que derivan de ella. A continuación podrás leer una lista de éstas, y cómo esto se ha intensificado a tal punto de llegar hasta nuestros días, y ser aceptado por el mundo en general.

Adivinación

Alquimia

Astrología

Cábala

Canalización

Cartomancia

Chamanismo

Esoterismo

Masonería

Ovnis

Parapsicología

Reencarnación

Religiones

Rosacruz

Simbolismo

Flores de Bach

Grafología

Hechicería

Hinduismo

Hipnosis

Holismo

Homeopatía

Magia

Sociedad de sueños

Sufismo

Tarot

Taoísmo

Templarios

Yoga

Zen

La caída de Babilonia

Ya en este capítulo el profeta Isaías anuncia el juicio y destrucción que vendría sobre Babilonia. Esta representaba la cultura del paganismo, sus habitantes han vivido siempre en el placer de sus propios deseos y naturaleza humana, confiando siempre en sus propios argumentos y conocimientos.

Mas el profeta declara en los últimos días, en los días de la tribulación, Babilonia, que era la representación de todas las prácticas religiosas y ocultistas, sería un día destruida por la ira de Dios.

Algo que es de notar es que siempre lo falso y engañoso, envuelto con el espíritu que predomina sobre este mundo, resistirá a todo aquel que en verdad esté consagrado y dedicado incondicionalmente a Jesucristo.

Mas en los días del tiempo del fin, Babilonia, su sistema y su poder religioso, caerá, en un momento determinado dentro del gobierno del anticristo. Ella será despreciada y todos sus seguidores también lo harán, a tal punto que será destruida, junto con todos los sistemas que ella había implantado.

Me dijo también: Las aguas que has visto donde la ramera se sienta, son pueblos, muchedumbres, naciones y lenguas.
   Y los diez cuernos que viste en la bestia, éstos aborrecerán a la ramera, y la dejarán desolada y desnuda; y devorarán sus carnes, y la quemarán con fuego; porque Dios ha puesto en sus corazones el ejecutar lo que él quiso: ponerse de acuerdo, y dar su reino a la bestia, hasta que se cumplan las palabras de Dios. Y la mujer que has visto es la gran ciudad que reina sobre los reyes de la tierra.

Apocalipsis 17:15-18

El versículo 15 dice que las aguas que has visto donde se sienta la ramera, son pueblos, muchedumbres, naciones y lenguas, esto nos indica que habrá un sistema religioso ecuménico, que será de proyección global, y quien comandará la apostasía en la preparación de la aceptación del reino de las tinieblas.

Una vez que ésta cumpla con su cometido de introducir al anticristo, como el gran emperador mundial, entonces todo esto será reemplazado por el reconocimiento de él como Dios en la tierra, una vez que él tenga el poder total de control sobre las naciones.

Esto no es sino el juicio de Dios contra el sistema religioso global, que ha preferido rechazar la verdad de su Palabra, por aceptar la mentira del diablo.

Llegará un momento en la gran tribulación que la bestia proclamará que él es dios y obligará a todos que le adoren.

Y clamó con voz potente, diciendo: Ha caído, ha caído la gran Babilonia, y se ha hecho habitación de demonios y guarida de todo espíritu inmundo, y albergue de toda ave inmunda y aborrecible.

Porque todas las naciones han bebido del vino del furor de su fornicación; y los reyes de la tierra han fornicado con ella, y los mercaderes de la tierra se han enriquecido de la potencia de sus deleites.

Y oí otra voz del cielo, que decía: Salid de ella, pueblo mío, para que no seáis partícipes de sus pecados, ni recibáis parte de sus plagas; porque sus pecados han llegado hasta el cielo, y Dios se ha acordado de sus maldades.

Dadle a ella como ella os ha dado, y pagadle doble según sus obras; en el cáliz en que ella preparó bebida, preparadle a ella el doble.

Cuanto ella se ha glorificado y ha vivido en deleites, tanto dadle de tormento y llanto; porque dice en su corazón: Yo estoy sentada como reina, y no soy viuda, y no veré llanto; por lo cual en un solo día vendrán sus plagas; muerte, llanto y hambre, y será quemada con fuego; porque poderoso es Dios el Señor, que la juzga.

Y los reyes de la tierra que han fornicado con ella, y con ella han vivido en deleites, llorarán y harán lamentación sobre ella, cuando vean el humo de su incendio, parándose lejos por el temor de su tormento, diciendo: ¡Ay, ay, de la gran ciudad de Babilonia, la ciudad fuerte; porque en una hora vino tu juicio!

Y los mercaderes de la tierra lloran y hacen lamentación sobre ella, porque ninguno compra más sus mercaderías; mercadería de oro, de plata, de piedras preciosas, de perlas, de lino fino, de púrpura, de seda, de escarlata, de toda madera olorosa, de todo objeto de marfil, de todo objeto de madera preciosa, de cobre, de hierro y de mármol; y canela, especias aromáticas, incienso, mirra, olíbano, vino, aceite, flor de harina, trigo, bestias, ovejas, caballos y carros, y esclavos, almas de hombres.

Los frutos codiciados por tu alma se apartaron de ti, y todas las cosas exquisitas y espléndidas te han faltado, y nunca más las hallarás.

Los mercaderes de estas cosas, que se han enriquecido a costa de ella, se pararán lejos por el temor de su tormento, llorando y lamentando, y diciendo: ¡Ay, ay, de la gran ciudad, que estaba vestida de lino fino, de púrpura y de escarlata, y estaba adornada de oro, de piedras preciosas y de perlas!

Porque en una hora han sido consumidas tantas riquezas. Y todo piloto, y todos los que viajan en naves, y marineros, y todos los que trabajan en el mar, se pararon lejos.

Apocalipsis 18:2-17

En todo el capítulo 18, se menciona en forma detallada, a la gran Babilonia en el poder que esta tenía en los aspectos no sólo religiosos, sino también económicos y políticos.

Aquí Babilonia más que representar una ciudad como tal, representa sin lugar a duda, el sistema religioso mundial, y como Dios mismo interviene en juicio con ella.

Hay una palabra utilizada en la raíz griega con relación a religión y esta es *deisidaimonia* la cual significa, temor a los dioses, considerado bien como una actitud religiosa, o en su sentido usual, con un significado condenatorio o despectivo, superstición; relativo a todo lo que tenga que ver con un carácter externo, cargado de ritualismo y dogma, lo cual tiene que ver con hábito o costumbre o estar acostumbrado.

Esta es la hora de la más grande decisión, sé que hay un llamado a unirse con todos y aceptar todos los conceptos dogmáticos, por los diferentes sistemas mundiales, pero es hora de oír a Dios antes que a los hombres, y estar basados en la única y verdadera revelación que es la Palabra revelada a nuestros corazones por el Espíritu de Dios.

189

Esto es una clara referencia a una supuesta y pretendida cristiandad sin Cristo, siendo como has leído anteriormente, el resultado de la gran apostasía, y que será juzgada por Dios mismo.

Esta es la seudoiglesia que veremos levantarse con mayor fuerza cada día, cuyo espíritu se ha manifestado en diversas maneras a lo largo de toda la historia, y que se manifiesta con mayor tenacidad y sagacidad en los últimos tiempos.

Hay una gran advertencia que Dios lanza en el texto 4, diciendo: *salid pueblo mío*, esta es la voz profética, que resuena hoy como nunca antes, a todas las naciones, antes que sea demasiado tarde.

Es el llamado de Dios a que los verdaderos creyentes no participen de sus obras, porque todos aquellos que queriéndose llamar hijos de Dios, y permanezcan dentro de estas abominaciones religiosa, son participantes de sus pecados y consentidores de los mismos, por eso mismo muchos serán alcanzados por sus plagas.

Esta es la hora de la más grande decisión, sé que hay un llamado a unirse con todos y aceptar todos los conceptos dogmáticos, por los diferentes sistemas mundiales, pero es hora de oír a Dios antes que a los hombres, y estar basados en la única y verdadera revelación que es la Palabra revelada a nuestros corazones por el Espíritu de Dios.

Un artículo interesante fue publicado por la revista "Llamada de Medianoche", en el mes de febrero del 2000, que decía lo siguiente:

Recientemente, una hora de oración unida por la paz fue realizada por musulmanes, budistas, hindúes, bahais, judíos, evangélicos y católicos, fue patrocinado por la Conferencia Mundial para las Religiones y la Paz (WCRP). El lema popular de la iglesia, que dice que "los cristianos son la sal de la tierra", dijo el presidente Ulrich Borngen, es aplicable a todas las religiones del mundo. Cada representante debe entender que sólo hay un Dios y que un día cada ser humano tendrá que rendirle cuentas a Él. También enfatizaron que la meta no es lograr la creación de una sola religión unida; ninguna religión debe de monopolizar a las demás religiones.

Los 600 delegados que estaban de visita aplaudieron la lectura de cada oración para la paz de cada uno de los representantes. La esperanza por lograr la unidad perfecta entre todas las religiones, para crear una sociedad llena de armonía, fue expresada en una oración por el secretario nacional de la fe bahai en Alemania,

Saba Khabirpour.
Idia Spektrum, 07-99.

La comunicación global está contribuyendo al establecimiento, en el futuro, de una sola religión. Sin embargo, estos intentos inútiles contradicen la Escritura. Jesucristo dijo:

Yo soy el camino, y la verdad, y la vida; nadie viene al Padre, sino por mí.

Juan 14:6

Y la voz de Dios en medio de todo esto es: "salid", es un llamado urgente a la separación del espíritu que predomina en este mundo, de la apostasía, de las falsas religiones, esta actitud y decisión determinarán nuestro destino eterno.

Y oí otra voz del cielo, que decía: Salid de ella, pueblo mío, para que no seáis partícipes de sus pecados, ni recibáis parte de sus plagas; porque sus pecados han llegado hasta el cielo, y Dios se ha acordado de sus maldades.

Apocalipsis 18:4-5

Cualquier esfuerzo que no esté establecido en el fundamento incuestionable de la Revelación de Jesucristo, su obra redentora en la cruz, su resurrección y ascensión triunfante al reino de los cielos, no tiene lugar en la verdadera Iglesia del Señor.

Recuerda que el llamado a separarse del mundo y de las falsas religiones, ha sido una advertencia dada por Dios, a través del tiempo, sí, este es el llamado profético a esta generación, a millones de creyentes en el mundo entero a no pactar ni aliarse jamás con "BABILONIA LA GRANDE, LA MADRE DE LAS RAMERAS Y DE LAS ABOMINACIONES DE LA TIERRA".

Epílogo

Pensemos en cómo será aquel momento cuando todas las limitaciones, barreras e impedimentos que tenemos en nuestra naturaleza humana, repentinamente sean quitadas y seamos transformados en un abrir y cerrar de ojos.

Cuando esto suceda comenzaremos a ascender, hacia lo alto, muy alto y más alto, hasta llegar a la misma presencia del Señor y juntos entrar para contemplar el trono del Eterno y soberano Dios, junto a la compañía de los santos, incontables en su número.

Los ángeles por millones están contemplando tal escena jamás llevada a cabo y mientras llegamos nos unimos a una nueva canción, es un canto extraordinario, que nos impacta por su grandeza y esplendor.

Son el entonar de la canción de los redimidos, sí, de toda lengua, nación, raza y color, todos sin excepción fluyen sin limitaciones uniéndose al canto angelical en una estruendosa y poderosa alabanza, es una sublime adoración jamás escuchada en ninguna parte de la gran expansión.

Oye atentamente, la letra de esta hermosa alabanza que se escucha pronunciar por millones de millones, es: "Digno eres de recibir la gloria y adoración, porque sólo tú, Jesucristo nos has redimido para Dios nuestro Padre, de todo linaje, pueblo y nación".

Es maravilloso, la dulce y melodiosa armonía sin par llena todos los lugares del gran trono celestial, resuena por todo lugar.

El resplandor de tan hermoso e incomparable lugar deja extasiada a la multitud que adora sin dejar de contemplar, el brillar de las calles de oro y el sereno y traslúcido mar de cristal, todo es perfección, grandeza y gloria sin par.

Oh, qué gran escena, al estar en este lugar de esplendor sin igual, es allí donde tú y yo estamos uniéndonos al canto de los que han pasado a ser inmortales para estar para siempre y por la eternidad.

Sí, sólo la preciosa sangre del Cordero de Dios, Jesucristo nuestro Señor, nos ha redimido y nos da el derecho para tan grande herencia en los cielos.

Atención, de repente un gran silencio se produce sobre la innumerable multitud, sí, es verdad, un silencio santo por un momento, los instrumentos han dejado de sonar, todos observando al gran trono de Dios sin igual.

Son las noticias que corren por doquier, de los últimos acontecimientos en la tierra, el gran dragón, el padre de mentira y engaño ha tratado de ascender a los cielos pero Miguel y sus ángeles han salido a pelear contra él y le han vencido, Satanás ha sido derrotado, esto es una gran noticia.

Como cascadas o torrentes de aguas frescas y cristalinas la alabanza llena el lugar celestial, y otra vez, mientras una voz como de trompeta comienza a decir: "Ahora ha venido la salvación, el poder y el reino de nuestro Dios y la autoridad de su Cristo, porque ha sido lanzado fuera, el acusador de nuestros hermanos, el que los acusaba delante de nuestro Dios día y noche.

"Sí, ellos le han vencido por medio de la sangre del Cordero y de la palabra del testimonio y porque menospreciaron su vida hasta la muerte".

De repente como por inspiración divina, la gran multitud comienza a marchar más cerca hacia el trono del Padre Eternal, ataviados con vestiduras blancas, sin manchas ni arrugas, rodeados por ejércitos de ángeles.

En medio de este gran acontecimiento jamás visto en el cielo, alguien pregunta: ¿Quiénes son estos que están con vestiduras blancas? Y ¿de dónde vienen?

Mientras esta pregunta está a punto de contestarse, los 24 ancianos se postran delante del trono del gran Dios, sobre sus propios rostros.

Cuando todo esto acontece hay un resplandor de gran gozo en la incomparable multitud, cuando de repente la respuesta viene, escuchen todos con atención.

"Estos son los que han salido de la gran tribulación y han lavado sus ropas y las han emblanquecido en la sangre del Cordero".

Sí ,así es, lo único que les hace dignos de estar en pie ante el trono, es el poder de la sangre de Jesucristo, es lo que les ha limpiado.

¿Hasta cuándo estaremos allá? No lo debemos preguntar por que en ese hermoso día, se habrá producido nuestra entrada en la eternidad.

Mi oración al terminar este libro es la siguiente:

Señor Jesucristo, Rey de nuestra existencia, ayúdanos a mantenernos siempre pensando en esa hora triunfante, en que nada ni nadie nos impedirá que estemos para siempre contigo, mientras nos acercamos a ese maravilloso momento, ayúdanos a ser responsables, cumpliendo con la gran encomienda de ser tus testigos en las naciones, proclamando sin cesar que tú eres la única y verdadera respuesta y esperanza que los humanos necesitan conocer, porque recibiéndote a ti lo tienen todo, pero rechazándote lo han perdido todo, incluyendo la vida eterna.